KiWi
PAPERBACK
1312

D1876142

Das Buch

Darauf haben seine Leser lange gewartet, nun ist es so weit: Die Bestsellerreihe von Bastian Sick wird fortgesetzt! Im fünften Band über die Fallstricke der deutschen Sprache versammelt der Autor neue Geschichten und gibt Rat in Zweifelsfällen. Fast zehn Jahre ist es her, dass seine erste »Zwiebelfisch«-Kolumne erschien, die einen ungeahnten Kult um die deutsche Sprache auslöste. Sick hat mit seinen Büchern, Quizspielen und Bühnenshows einem Millionenpublikum gezeigt, dass Rechtschreibung und Grammatik Spaß machen können. In mehreren Bundesländern stehen seine Werke heute auf dem Lehrplan. Dass die Themen und Fragen nicht weniger werden, zeigt sich an der weiterhin steigenden Zahl der Fehler in der Werbung, im Journalismus und im Internet. Und wie immer geht es auch im fünften Band der »Dativ«-Reihe nicht nur um »richtig« oder »falsch«, sondern auch um die unerschöpflichen Möglichkeiten, die unsere Sprache bietet, um die Schönheit der Wörter, ihre Vieldeutigkeit und ihre Geheimnisse.

Der Autor

Bastian Sick, geboren in Lübeck, Studium der Romanistik und Geschichtswissenschaft, Tätigkeit als Korrektor und Übersetzer, von 1995 bis 1998 Dokumentationsjournalist beim »Spiegel«, von 1999 bis 2009 Mitarbeiter der Redaktion von »Spiegel Online«, seit 2003 dort Autor der Sprachkolumne »Zwiebelfisch«. Aus diesen heiteren Geschichten über die deutsche Sprache wurde später die Buchreihe »Der Dativ ist dem Genitiv sein Tod«. Es folgten zahlreiche Fernsehauftritte und eine Lesereise, die in der »größten Deutschstunde der Welt« gipfelte, zu der 15.000 Menschen in die Köln-Arena strömten. Seitdem war Bastian Sick mehrmals mit Bühnenprogrammen auf Tournee, in denen er eine neuartige Mischung aus Lesung, Kabarett und Quiz präsentierte. Zuletzt erschien von ihm »Wie gut ist Ihr Deutsch? Der große Test«. Bastian Sick lebt und arbeitet in Hamburg.

Weitere Titel bei Kiepenheuer & Witsch

»Der Dativ ist dem Genitiv sein Tod. Ein Wegweiser durch den Irrgarten der deutschen Sprache«, KiWi 863, 2004 (liegt auch als gebundene Schmuckausgabe vor). »Der Dativ ist dem Genitiv sein Tod – Folge 2. Neues aus dem Irrgarten der deutschen Sprache«, KiWi 900, 2005. »Der Dativ ist dem Genitiv sein Tod – Folge 3. Noch mehr Neues aus dem Irrgarten der deutschen Sprache«, KiWi 958, 2006. »Happy Aua. Ein Bilderbuch aus dem Irrgarten der deutschen Sprache«, KiWi 996, 2007. »Zu wahr, um schön zu sein. Verdrehte Sprichwörter – 16 Postkarten«, KiWi 1050, 2008. »Happy Aua – Folge 2. Ein Bilderbuch aus dem Irrgarten der deutschen Sprache«, KiWi 1065, 2008. »Der Dativ ist dem Genitiv sein Tod – Folge 1–3 in einem Band. Ein Wegweiser durch den Irrgarten der deutschen Sprache«, KiWi 1072, 2008. »Der Dativ ist dem Genitiv sein Tod. Das Allerneueste aus dem Irrgarten der deutschen Sprache«, KiWi 1134, 2009. »Hier ist Spaß gratiniert. Ein Bilderbuch aus dem Irrgarten der deutschen Sprache«, KiWi 1163, 2010. »Wir sind Urlaub. Das Happy-Aua-Postkartenbuch«, KiWi 1190, 2010. »Wie gut ist Ihr Deutsch? Der große Test«, KiWi 1233, 2011.

Bastian Sick

Der Dativ ist dem Genitiv sein Tod

Folge 5

Mit Illustrationen von
Katharina M. Baumann

Kiepenheuer & Witsch

FSC www.fsc.org
MIX
Papier aus verantwortungsvollen Quellen
FSC® C083411

1. Auflage 2013 (25.000 Exemplare)

Umschlaggestaltung: Barbara Thoben, Köln
Umschlagmotiv: © altrendo images/Getty Images
Autorenfoto: © Tim Koller
Gesetzt aus der DTL Documenta und der Meta Plus
Satz: Buch-Werkstatt GmbH, Bad Aibling
Druck und Bindung: CPI – Clausen & Bosse, Leck
ISBN 978-3-462-04495-9

Inhalt

Vorwort

Vier Fälle hat unsere Sprache. Der Dativ ist der dritte. Und dieses Buch ist dem Dativ sein fünfter Fall. Erneut macht er sich auf, den Genitiv zu töten. Ob's ihm diesmal wohl gelingt? Das wird an dieser Stelle natürlich nicht verraten.

Dieses Buch ist nicht nur das fünfte in einer bunten Reihe, sondern außerdem ein Jubiläumsbuch. 2013 jährt sich das Erscheinen der ersten »Zwiebelfisch«-Kolumne zum zehnten Mal. Für einen Fisch ist das ein beachtliches Alter! Seitdem entstanden mehr als 200 Texte über das zauberreiche und märchenschöne Wesen, das als »die deutsche Sprache« bekannt ist. Die 52 jüngsten sind in diesem Buch versammelt.

Dass es immer wieder Stoff für neue Kolumnen gibt, liegt daran, dass unsere Sprache nicht aufhört, sich zu verändern. Ständig kommen neue Moden und Wörter hinzu, obwohl wir noch nicht einmal alle alten ausreichend gewürdigt haben. Dass ich mit meiner Arbeit nicht aufhören kann, liegt daran, dass meine Leser nicht aufhören, mir zu schreiben und mir Fragen zu stellen: Was bedeutet dieses Wort? Woher kommt jene Redewendung? Wie lautet hiervon die weibliche Form und davon die Mehrzahl? Der Beantwortung von Leserfragen wird daher auch in diesem Buch wieder gebührender Platz eingeräumt.

Als Buchautor werde ich aber nicht immer nur zu den Tücken und Zweifelsfällen der deutschen Sprache befragt, sondern manchmal auch, wie ich überhaupt zum Schreiben gekommen sei, ob die Sprache schon immer meine Leidenschaft gewesen sei und ob es besondere Vorbilder gegeben habe.

Auch solche Fragen beantworte ich gern, zumal die Antworten ganz einfach sind: Sprache wurde zu einer Leidenschaft, als ich erkannte, dass sie mir Türen zu wunderbaren Welten voller Abenteuer, Zauberei und Weisheit öffnete und mir die Möglichkeit gab, meine Fantasie in Formen zu gießen. Mit dem Schreiben von Geschichten begann ich also schon recht früh, noch vor dem Wechsel von der Grundschule aufs Gymnasium. Vorbilder gab es viele: Lehrer, Schauspieler, Musiker, Dichter und Kinderbuchautoren. Von einer besonderen Begegnung mit einem Dichter möchte ich im Folgenden berichten.

Als ich ein Schüler war, verbrachte ich die Sommerferien regelmäßig mit meinen Eltern und meinen beiden Schwestern am Lago Maggiore. In einem Sommer hatte ich zwei Kinderbücher von Wolfdietrich Schnurre dabei, die ich mir zum Geburtstag gewünscht hatte: »Die Zwengel« und »Der Meerschweinchendieb«. Ich war gerade acht geworden und befand mich auf einer unaufhaltsamen Entdeckungsreise durch die Kinderliteratur. Meine Großmutter hatte mich auf Schnurre aufmerksam gemacht, denn sie kannte seine Erzählungen für Erwachsene. Dass er auch über Meerschweinchen schrieb, machte ihn mir sofort sympathisch, zumal ich für diese putzigen Geschöpfe eine Schwäche hatte. Von Freunden erfuhren wir, dass der Autor jener Bücher rein zufällig selbst ein Ferienhäuschen am Lago Maggiore hatte, gar nicht weit von unserem Strand, auf dem Monte Sole. Meine Mutter ermutigte mich, hinaufzugehen und mir die Bücher signieren zu lassen.

Als ich die steile Straße zum Haus von Wolfdietrich Schnurre erklomm, pochte mein Herz vor Aufregung und Angst: Was, wenn ich nun ungelegen kam? Wenn er gar keine Kinder mochte? Wenn er einen großen bissigen Hund hatte? Auf halber Strecke dachte ich daran, umzukehren, aber was hätten meine Eltern dann von mir gedacht? Also nahm ich all meinen Mut zusammen und klingelte an der Tür des Schriftstellers. Ein großer freundlicher Mann mit einem breiten Schnurrbart öffnete, sah zu mir herab und rief überrascht: »Na, wer bist du denn?« Ich brachte kein Wort heraus und streckte ihm nur die beiden Bücher entgegen.

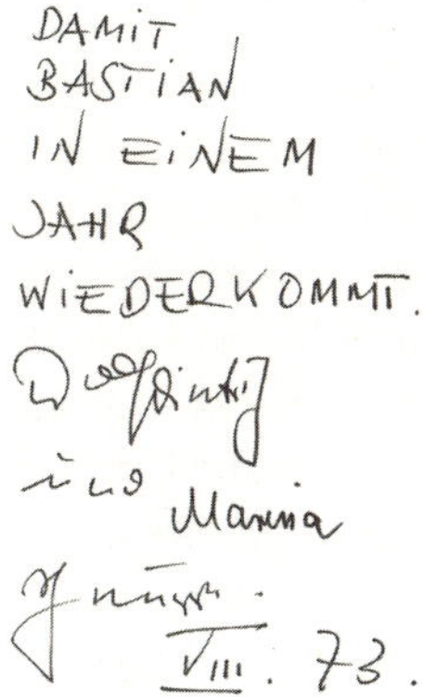

Er bat mich hinein, bot mir Saft und Kekse an, stellte mich seiner Frau Marina vor (die die Meerschweinchen-Geschichten illustriert hatte) und schrieb mir wundervolle Widmungen in beide Bücher: »Damit Bastian in einem Jahr wiederkommt«.

Das habe ich dann auch gemacht. Und beim zweiten Mal hatte ich auch keine Angst mehr. Im Gegenteil, ich konnte es kaum erwarten, Wolfdietrich Schnurre davon zu erzählen, dass ich inzwischen selbst angefangen hatte, Geschichten zu schreiben. Er fragte, ob er sie sehen dürfe, und ich gab sie ihm. Er nahm sie so behutsam in die Hand, als wären sie ein Schatz. Dann verriet er mir, dass er es sehr bedauere, seine eigenen frühen Versuche irgendwann allesamt verbrannt zu haben. Ich gelobte ihm, das mit den meinen nicht zu tun. Und so habe ich bis heute alles aufgehoben – einschließlich meines ersten Diktats.

Zehn Jahre später habe ich Wolfdietrich Schnurre noch einmal wiedergesehen. Diesmal nicht in Italien, sondern in

Norddeutschland. Meine Großmutter hatte aus der Zeitung erfahren, dass Schnurre eine Lesung in Plön halten würde, und hatte mich eingeladen, mit ihr dort hinzufahren. Ich war inzwischen ein junger Mann von fast 19 Jahren, der seinen Wehrdienst ableistete. Und Schnurre war mit seinen Romanen »Der Schattenfotograf« (1978) und »Ein Unglücksfall« (1981) in die erste Garde der deutschen Literatur aufgerückt. Ihn aus seinen Werken vorlesen zu hören, war für meine Großmutter und mich ein heiliger Genuss. Im Anschluss signierte er Bücher. Ich hatte die beiden Kinderbücher von damals dabei und sagte: »Guten Tag, Herr Schnurre, erinnern Sie sich noch an mich?« Er erkannte seine Widmung und strahlte: »Der Bastian! Aber natürlich! Du bist seit damals um einiges gewachsen!«

1989 starb Wolfdietrich Schnurre im Alter von 68 Jahren. Doch in seinen zahlreichen Erzählungen, in denen sich Melancholie und Menschenliebe auf poetische Weise paaren, ist er für mich bis heute lebendig geblieben.

An unsere Begegnungen denke ich jedes Mal zurück, wenn ich einen kleinen Jungen vor mir stehen sehe, der mich mit großen Augen anblickt und mir wortlos eines meiner Bücher zum Signieren entgegenstreckt. Dann geht mir das Herz auf wie ein rot lackierter Fensterladen an einem sonnigen Morgen über dem Lago Maggiore.

Bastian Sick
Hamburg, im Mai 2013

Zehn gute Gründe für Deutsch

Die Kulturwächter schlagen Alarm: Das weltweite Interesse an der deutschen Sprache geht zurück! Und nicht erst, seit Guido Westerwelle Außenminister ist. 2005 lernten noch 17 Millionen Menschen Deutsch als Fremdsprache, 2010 waren es zwei Millionen weniger. Dabei gibt es viele gute Gründe für Deutsch.

»Können Sie zehn gute Gründe nennen, Deutsch zu lernen?«, wurde ich unlängst in einem Interview gefragt. »Geben Sie mir zehn Minuten Bedenkzeit«, bat ich. Zehn überzeugende Gründe lassen sich schließlich nicht einfach so aus dem Ärmel schütteln. Doch mit ein wenig Überlegung sollten sie sich finden lassen. Immerhin leben in Deutschland, Österreich und der Schweiz und in ihren angrenzenden Regionen mehr als hundert Millionen Menschen, die mit Deutsch aufgewachsen sind. Wir sind also schon mal keine ganz kleine Sprachgemeinschaft, im Gegenteil: Innerhalb Europas ist Deutsch die Sprache mit den meisten Muttersprachlern, noch vor Englisch und Französisch.
Außerhalb Europas sieht es dann schon etwas anders aus; auf der Liste der zwölf wichtigsten Weltsprachen rangiert Deutsch weit hinter Englisch, Chinesisch, Spanisch und Hindi auf Platz zehn, aber immerhin noch vor Japanisch, Koreanisch und Finnisch*. Wenn sich Schüler in anderen Ländern, zum Beispiel in Spanien oder Frankreich, zwischen Deutsch und einer anderen Fremdsprache entscheiden müssen, wählen sie oft die andere. Deutsch ist nicht gerade die beliebteste Sprache. Und wenn man nachfragt, warum das so sei, bekommt man oft zu hören, Deutsch sei

* Pardon, gemeint war »Finish«, also das Ende der Liste. Finnisch hat es noch nicht unter die zwölf führenden Weltsprachen geschafft.

eben nicht ganz einfach. Zu viele Fälle, zu viele Geschlechter, zu viele Regeln, zu viele Ausnahmen. Das schreckt ab. Eigentlich sollte gerade das ein guter Grund sein, Deutsch zu lernen. Denn wer will schon etwas, das einfach ist? Einfach – das kann schließlich jeder. Wer Deutsch beherrscht, kann etwas Besonderes! Etwas, das nicht jeder kann. Nicht einmal jeder Deutsche. Englisch ist der Volkswagen unter den Sprachen, Deutsch der Rolls-Royce.

Zu den immer wieder genannten Vorurteilen über die deutsche Sprache gehört auch, dass sie keinen besonders schönen Klang habe. Sie sei bei Weitem nicht so melodiös wie das Französische, nicht so weich wie das Englische, nicht so temperamentvoll wie das Italienische, nicht so schwermütig wie das Russische, und nicht so angriffslustig wie das Japanische.

Deutsch, so wird behauptet, klinge eher wie eine Zementmischmaschine – oder wie berstendes Holz. Oder wie eine Gruppe heiserer Gänse, die mit einem geklauten Zementmischer gegen einen Baum gerast ist. Doch wer sich ein bisschen genauer mit der deutschen Sprache auseinandersetzt, der wird im Klangspiel der Silben eine wunderbare, kraftvolle Schönheit erkennen. Wie bei jeder Sprache kommt es darauf an, wer sie spricht – und wie. Der Ton macht die Musik. Darum ist Deutsch nicht von ungefähr lange Zeit die führende Sprache der Musik gewesen. Von Johann Sebastian Bach bis Johann Strauß: Deutsch war – und ist es noch heute – eine der wichtigsten Sprachen auf den Konzert- und Opernbühnen dieser Welt. Wer klassischen Gesang studiert, für den führt an Deutsch kein Weg vorbei. Doch auch Popmusik kann ein Grund sein, Deutsch zu lernen. Die Musik war der Grund, dass ich Französisch gelernt habe – das kann auch andersherum funktionieren. Die deutsche Musikszene hat eine Menge interessanter Künstler und hörenswerter Texte zu bieten.

Gute Gründe, Deutsch zu lernen? So etwas fragt man am besten Menschen, die das Wagnis auf sich genommen haben, einen Deutschkursus zu absolvieren. Und die findet man fast überall auf der Welt: in Frankreich, in Spanien, in Russland, in Polen, in den Niederlanden, in Dänemark, in Chile, in Argentinien, in Afrika, in China, in Baden-Württemberg.

»Deutschland ist ein tolles Land!«, schwärmte mir eine ältere Dame in Buenos Aires vor. »Ihr habt so viele Kulturgüter, so viele interessante Städte, so abwechslungsreiche Landschaften, so schnelle Verbindungen, die beste Infrastruktur weltweit!« – »Sie sprechen von den Autobahnen, nehme ich an?«, fragte ich. Sie lächelte und sagte: »Ich meine vor allem die Apotheken! Alle 50 Meter eine Apotheke – das gibt es in keinem anderen Land auf der Welt!« Ja, Deutschland ist ein famoses Land zum Leben.

Für viele junge Menschen in anderen Teilen der Welt ist Deutschland das Tor zu einer gesicherten Zukunft. Die Zahl derer, die sich Jahr für Jahr um ein Stipendium für einen Studienplatz in Deutschland bewerben, wächst stetig. Ob BWL, Maschinenbau, Medizin oder Geisteswissenschaften – Deutschland ist ein beliebter Studienort. Für viele andere ist Deutschland auch ein begehrter Arbeitsplatz. Die meisten Bauarbeiter und Reinigungskräfte in Deutschland kommen aus benachbarten Ländern oder aus Nachbarländern der Nachbarländer.

Meine Putzfrau kommt aus Polen und lernt fleißig Deutsch. Sie kann jetzt schon auf Deutsch »Guten Tag« und »Auf Wiedersehen« sagen und »Waschmaschin kaputt!«. Eines Tages wird ihr Deutsch so perfekt sein wie ihre Bügelkünste, dann stehen ihr hier alle Türen offen, und sie wird mich verlassen für einen interessanteren Job als Assistentin irgendeines Talkshow-Moderators oder als Pressesprecherin eines Bundestagsabgeordneten, ich werde sie anflehen, zu bleiben, aber sie wird mir mit Blick auf das Bügelbrett zurufen: »Machen Sie es sich gefälligst selbst!«, und ich werde völlig zerknittert zurückbleiben, davor graut mir jetzt schon. Deutsch eröffnet Karrieren – im deutschsprachigen Raum und darüber hinaus überall dort, wo deutsche Firmen ansässig sind oder wo sich deutsche Touristen tummeln.

Meine französische Freundin Suzanne sagte mir auf die Frage, was für sie der Grund gewesen sei, Deutsch zu lernen: »Der Grund, warum isch Deutsch gelernt 'abe? Trotz alle die komplizierte Grammatik und die 'arte Aussprache? Isch will es dir verraten: Mein Grund war groß und blauäugisch und 'ieß Martin. Er war 24, wir 'aben uns am Strand von Biarritz kennengelernt. Wie der küssen konnte! Hmmm! Einen schöneren Grund, Deutsch zu lernen, gab es auf der ganzen Welt nischt!«

Weiteres zur Bedeutung der deutschen Sprache in der Welt:

»Deutsch als Amtssprache der USA«
(»Dativ«-Band 1)
»Weltsprache Deutsch« (»Dativ«-Band 2)

Wem das noch nicht genügt, für den habe ich nachfolgend zehn weitere Gründe zusammengetragen:

ZEHN GUTE GRÜNDE, DEUTSCH ZU LERNEN

(1) Damit man auf Mallorca nicht für einen Ausländer gehalten wird.

(2) Damit man bei deutschen Fernsehserien wie »Derrick«, »Ein Fall für zwei« und »Sturm der Liebe« nicht auf Untertitel angewiesen ist.

(3) Damit man seine Freunde durch Wörter wie »Fußballweltmeisterschaftsendrundenteilnehmer« oder »Überschallgeschwindigkeitsflugzeug« beeindrucken kann.

(4) Damit man nicht enttäuscht ist, dass man kein Trinkgeld bekommt, wenn ein Deutscher sagt, er wolle einem gern einen »Tip« geben.

(5) Damit man Goethe im Original lesen kann. Und auch andere Klassiker der deutschen Dichtung wie Wilhelm Busch, Heinz Erhardt und Loriot.

(6) Damit man es als Porsche-Fahrer nicht nur allen zeigen, sondern auch noch allen sagen kann, dass der Wagen weder »Porsch« noch »Porschie« ausgesprochen wird.

(7) Damit man in der Lage ist, gut gemeinte Hinweise zu berücksichtigen, wie man sie auf einigen deutschen Erzeugnissen findet, zum Beispiel »Augenkontakt unbedingt vermeiden!« oder »Dämpfe nicht einatmen!«.

(8) Damit man bei der Bambi-Verleihung auf Deutsch sagen kann: »Ich danke meinen Eltern! Und allen Leuten von Sony Music! Und natürlich meinem Publikum! Ihr seid so wundervoll! Ich liebe euch alle!«

(9) Damit man als Journalist dem deutschen Außenminister bei einer Pressekonferenz Fragen auf Deutsch stellen kann.

(10) Damit man die Rolle des Bösewichts im nächsten James-Bond-Film bekommt.

Herzlich willkommen!

Heißt man jemanden »willkommen« oder »Willkommen«? Wünscht man »frohe Ostern« oder »Frohe Ostern«? Und viel Glück im »neuen Jahr« oder im »Neuen Jahr«? Um das Groß oder Klein in Grußformeln ranken sich viele Fragen und zahlreiche Irrtümer.

Eines Morgens kurz vor Silvester hing im Treppenhaus ein farbenfroher Aushang der Hausverwaltung, auf dem stand: »Wir wünschen allen Hausbewohnern ein Frohes Neues Jahr!« Dabei blieb es nicht lange. Bis zum Nachmittag hatte jemand das große »F« durchgestrichen und ein kleines »f« darübergeschrieben. »Das kann ja nur einer gewesen sein!«, stellte meine Nachbarin Frau Jackmann fest und zwinkerte mir zu. Doch ich musste sie enttäuschen: »Ich war's nicht! Wenn ich auch noch anfange, die Mitteilungen unserer Hausverwaltung zu korrigieren, komme ich zu gar nichts mehr. Außerdem hätte ich dann auch noch das große ›N‹ durch ein kleines ersetzen müssen. Wenn schon, denn schon!« Frau Jackmann sah mich ungläubig an: »Das ›N‹ von ›Neues Jahr‹? Das soll verkehrt sein? Aber das ist doch ein Name!«

Mit dieser Annahme ist Frau Jackmann nicht allein. Viele Menschen halten das »neue Jahr« für einen feststehenden Begriff und schreiben »neu« daher groß: »Alles Gute im Neuen Jahr!« liest man auf zahllosen Weihnachtskarten. Das neue Jahr ist aber kein feststehender Begriff, sondern eine ganz gewöhnliche Fügung aus einem Eigenschaftswort und einem Hauptwort. Anders als das »Neue Testament« und die »Neue Welt«. Diese sind feststehende Begriffe und werden orthografisch wie Namen behandelt. (Vorausgesetzt, mit der Neuen Welt ist Amerika gemeint und nicht irgendeine »schöne neue Welt«, wie sie zum Beispiel von Aldous Huxley beschrieben wurde.) Auch das »Neue Forum«, der »Neue Markt« und die »Neue Deutsche Welle« sind feststehende Begriffe, die für etwas stehen, das klar definiert ist. Wie aber sollte man das »neue Jahr« klar definieren können, wenn es doch alle Jahre wieder ein anderes ist?

Jemandem ein »frohes neues Jahr« zu wünschen, ist grammatisch nichts anderes, als einen »schönen guten Tag« zu wünschen oder »viele liebe Grüße« zu versenden. In keinem der drei Fälle handelt es sich um einen feststehenden Begriff. Trotzdem findet man zahlreiche Beispiele, die fälschlicherweise einen »schönen Guten Tag!« wünschen oder mit »vielen Lieben Grüßen« schließen.

»Frohe Ostern!« ist zwar eine gebräuchliche Formel, aber das heißt noch lange nicht, dass »froh« und »Ostern« zusammen einen Namen ergeben, der großgeschrieben werden muss. Wenn »froh« und »Ostern« innerhalb eines Satzes erscheinen, gelten für »froh« dieselben Regeln wie für jedes andere Adjektiv auch, und dazu gehört die Kleinschreibung: »Ich wünsche euch frohe Ostern!«

Auch wenn es dank E-Mail, Chat und SMS seit Jahren einen starken Trend zur Kleinschreibung gibt, so findet man andererseits immer wieder großgeschriebene Wörter, die sich die Großschreibung gar nicht verdient haben. Es besteht offensichtlich eine tiefe Verunsicherung darüber, wann etwas großgeschrieben wird und wann nicht. Auf unzähligen Schildern, Tafeln und Transparenten werden Reisende und Kunden mit den Worten »Herzlich Willkommen« begrüßt. Das sieht schön aus, ist aber orthografisch nicht einwandfrei; denn »willkommen« ist hier kein Hauptwort, sondern ein Adjektiv, auf Deutsch auch Eigenschaftswort oder Wiewort genannt. »Herzlich willkommen« ist die Verkürzung von »Ich heiße dich herzlich willkommen!« oder »Du bist mir herzlich willkommen«. Da »willkommen« in diesen Sätzen mit »wie« erfragt wird, kann es nur ein Wiewort sein und muss folglich kleingeschrieben werden.

Etwas anderes ist es, wenn man jemandem »ein herzliches Willkommen« bereitet; dann ist die Großschreibung angebracht, denn »das Willkommen« ist ein Hauptwort. Als solches tritt »willkommen« aber nur selten in Erscheinung. Meistens wird es als Adjektiv gebraucht. Dass es dabei so oft für ein Hauptwort gehalten wird, liegt möglicherweise an der Ähnlichkeit zu Grußformeln wie »Guten Morgen« und »Auf Wiedersehen«, die wirklich ein Hauptwort enthalten.

Wenn auf »herzlich« verzichtet wird und »willkommen« an den Satzanfang rückt, dann wird es freilich auch als Wiewort großgeschrieben.
Der aus dem Englischen übernommene Modernismus »Willkommen zurück!« (»Welcome back!«) schreibt sich zwar mit großem »Willkommen«, aber nicht mit großem »Zurück«, es sei denn, »Zurück« ist der Name eines Menschen, den man mit ausgelassenem Komma begrüßt. Das Gleiche gilt auch für »Willkommen daheim« und »Willkommen zuhause«.
Viele Händler meinen, Eigenschaftswörter großschreiben zu müssen, um sie besonders hervorzuheben: »Ständig Neue Angebote«, »Nur Feinste Qualität«, »Kostet nichts Extra« oder »Heute Geschlossen!«. Wenn ein Wort betont werden soll, kann man es unterstreichen, in **Fettschrift** oder *Kursivschrift* setzen oder in VERSALIEN schreiben. Plötzliche Großschreibung, Wo Kleinschreibung erwartet Wird, schafft Keine Betonung, Sondern Verwirrung.*

Auch das kleine Wörtchen »bitte« bereitet Probleme. Einerseits beim Aussprechen, das vielen einfach nicht gelingen will. Andererseits beim Schreiben: »Hier Bitte Münzen einwerfen« steht auf einem Automaten oder »Affen Bitte nicht füttern« an einem Tiergehege. Dabei ist »bitte« ein Adverb und als solches bitte nur dann großzuschreiben, wenn es am Satzanfang steht. Danke!
Beim »bitte«-Schwesterwort »danke« ging die Verwirrung so weit, dass die Rechtschreibreformer beschlossen, die Großschreibung für zulässig zu erklären. Nicht beim Verb »danken« (»Ich Danke dir« ist nach wie vor falsch), sondern beim Adverb »danke«: »Ich möchte dir Danke sagen«. Das ist heute erlaubt, sogar empfohlen. Die klassische Schreibweise »Ich möchte dir danke sagen« ist nur noch zweite Wahl. Als ich meine Freundin Sibylle einmal per SMS fragte, ob ich sie ins Kino einladen dürfe, schrieb sie neuorthografisch korrekt, doch in der für sie typischen verdrehten Weise zurück: »Da sage ich nicht Danke!«

In der nächsten Rechtschreibreform wird dann vielleicht »Herzlich Willkommen« für korrekt erklärt und »Neues Jahr« zum Namen ernannt. Das möchte ich aber »Bitte« nicht mehr erleben müssen!

* Mehr dazu im Kapitel **»Liebling, Was Wird Nun Aus Uns Beiden?«** (in diesem Buch auf S. 122)

Zum Komma in Grußformeln siehe **»Hello, Dolly!«** (in diesem Buch auf S. 164)

Hallo und tschüs!

Eine Passauer Schulleiterin hat an ihrer Schule ein Verbot für die Grußwörter »hallo« und »tschüs« erlassen. Ob das den Schülern hilft, sich besser in der Welt zurechtzufinden? Und sind diese Wörter wirklich so unangemessen, wie die bayerische Pädagogin glaubt?

Es war eine seltsam unzeitgemäße Meldung, die an einem frostigen Wochenbeginn im Januar 2012 für Aufregung und Erheiterung sorgte: Eine Schulleiterin im bayerischen Passau hatte an ihrer Schule ein Verbot für die Grußwörter »hallo« und »tschüs« erlassen. Sie empfinde diese als respektlos, gab sie als Begründung an. Außerdem sei gerade das norddeutsche »tschüs« alles andere als bayerisch. Daher habe sie ihre Schule zur »hallo- und tschüs-freien Zone« erklärt. Wer sich nicht mit »Grüß Gott!« anfreunden könne, der solle »Guten Tag« und »Auf Wiedersehen« sagen.

Einerseits war diese Nachricht erfreulich, denn wenn die Passauer keine größeren Sorgen hatten als ein respektlos erscheinendes »hallo« oder »tschüs«, dann schien es ihnen beneidenswert gut zu gehen. In anderen Gegenden Deutschlands, gerade in urbanen Ballungsräumen, sind manche Lehrer schon froh, wenn ihre Schüler sie überhaupt eines Grußes würdigen, und sei es nur »Morgen!«, »Tach!« oder »Na!«. Aber von derartigen Zuständen ist man in Passau zum Glück (noch) weit entfernt. Selig sind die Randgemeinden!

Es ist auch nichts dagegen zu sagen, dass eine Schulleiterin sich bemüht, ihren Schülern gute Umgangsformen zu vermitteln. Respekt ist eine wertvolle Tugend und sollte, genau wie Rücksichtnahme, Fairness und Umweltbewusstsein, im Schulunterricht regelmäßig thematisiert werden. Doch die Frage ist, ob der Weg über ein Verbot der richtige ist. Man kann sich Wörter verbitten, die beleidigend sind. Verbale Grobheiten und Gemeinheiten kann man untersagen. Im Falle der Passauer Rektorin ging es aber nicht um vorsätzliche Beleidigungen oder Grobheiten, sondern lediglich um eine gefühlte Respektsverletzung und um veränderte Sprachgewohnheiten.

Denn objektiv gesehen sind »hallo« und »tschüs« nicht Ausdruck mangelnden Respekts. Sie sind vielleicht nicht in jeder Situation die erste Wahl. In bestimmten Zusammenhängen empfiehlt sich der Zugriff auf ein anderes sprachliches Register. Vorausgesetzt, man verfügt über die Fähigkeit, verschiedene Register zu bedienen.

Jemanden in Köln, Berlin oder München auf der Straße mit »Hallo!« anzurufen, ist nicht ungehörig, selbst wenn es sich um einen Fremden handelt. Freilich ist »hallo« eine ungezierte Form der Anrede, eher bodenständig als elegant, aber nicht unschicklich. Selbst von Damen des Adels wurde ich schon mit »Hallo, Herr Sick!« begrüßt, ohne dass es mir unangemessen erschienen wäre. So mancher Pastor beginnt seine Predigt mit den Worten »Hallo, liebe Gemeinde«, ohne dass er deswegen mit Steinen aus der Kirche gejagt würde. Dass »hallo« so populär wurde, ist dem Telefon zu verdanken. Der Ursprung des Wortes ist nicht eindeutig geklärt: Sprachforscher nehmen an, es komme vom Ruf »Hol über!«, mit dem in früheren Zeiten der Fährmann herbeigerufen wurde. »Hol über!« wurde zunächst zu »holla« (wie heute noch in »Holla, die Waldfee!«), später dann, unter dem Einfluss des Englischen, zu »hallo«. Parallel zu unserem »holla« hatte sich nämlich in England im 16. Jahrhundert der

Gruß »hello« entwickelt. Die Franzosen machten daraus »allô« und die Spanier »hola«. Mit der Verbreitung des Fernsprechwesens im 19. und 20. Jahrhundert trat das praktische »hello/hallo/allô/hola« seinen Siegeszug um die ganze Welt an. Der Erfinder des Telefons, Graham Bell, hatte sich noch für »ahoy« als telefonische Begrüßung ausgesprochen, doch Thomas Edison, der die Erfindung weiterentwickelte, setzte »hallo« durch. Dank des Telefons ist »hallo« auch bei uns in den allgemeinen Sprachgebrauch eingesickert.

Die Geschichte des Wortes »tschüs« ist ähnlich international: Es kommt vom spanischen »adiós« (»Geh mit Gott!«) und wurde von den Seefahrern zunächst in die spanischen Niederlande gebracht, wo es sich zu »atjüs« entwickelte. Von dort gelangte es als »atschüs« und »tschüs« nach Norddeutschland. Die Schwaben indes übernahmen das französische »adieu« und machten daraus »ade«. Die Bayern pflegten ihr zünftiges oberdeutsches »Pfiati!« oder »Pfiagod!« (»Behüte dich Gott!«), und in Österreich sagt man noch heute beim Abschied leise »servus«.

Dass »tschüs« manchem dialektverhafteten Bayern fremd erscheint, ist daher verständlich. Der Mensch mag, was er gewohnt ist, und was ihm fremd ist, das lehnt er meistens erst einmal ab. Doch ein Verbot führt in die falsche Richtung. Zudem ruft die Begründung, »tschüs« sei »unbayerisch«, unangenehme Erinnerungen an Zeiten wach, in denen alles verboten wurde, was »undeutsch« war.

Anstelle eines unproduktiven Verbotes sollte man besser eine produktive Unterrichtseinheit zum Thema Grußformeln ansetzen. Den Schülern sollten alle Möglichkeiten der Begrüßung und Verabschiedung vorgestellt und die Vielfalt der regionalen und sozialen Unterschiede aufgezeigt werden; man sollte sie lehren, die Nuancen zu erkennen – ein »hallo« klingt beispielsweise schon ganz anders, wenn ihm ein »Frau Lehrerin!« angehängt wird. Anschließend könnte man die Schüler einen Aufsatz schreiben lassen mit dem Thema »Was ich wem zur Begrüßung sage und warum«. Das dürfte sich förderlicher auf die Sprachkompetenz der Schüler auswirken als ein Verbot. Denn nicht durch Verbote, sondern allein durch Aufklärung und Bildungsarbeit erzieht man mündige, verantwortungsbewusste Bürger.

Einen Tag nach Bekanntwerden des Passauer Schildbürgerstreichs gastierte ich mit meinem Bühnenprogramm »Nur aus Jux und Tolleranz« im Münchner Prinzregententheater. In Anspielung auf die Zeitungsberichte bat ich das Münchner Publikum um Entschuldigung, falls ich bei der Verabschiedung nicht die richtigen Worte fände. Ich sei nun mal ein Hanseat, und als solcher ginge mir ein »tschüs« wie selbstverständlich über die Lippen. Doch weder wollte ich ihre Gefühle verletzen noch ihre Ohren beleidigen, daher sei ich gerne bereit, mich den bayerischen Gepflogenheiten anzupassen und mich mit »servus« oder »pfiagod« zu verabschieden. Daraufhin brachen die Münchner in schallendes Gelächter aus. Beim anschließenden Signieren erfuhr ich den Grund: »Hier sagt niemand mehr ›servus‹ oder ›pfiagod‹«, erklärte man mir, »in München sagt man ›ciao‹!«

Weiteres zu Anredeformen:
»Sie oder sie – du musst Dich entscheiden« (»Dativ«-Band 2)
»Hallo, Fräulein!« (»Dativ«-Band 3)
»Siezt du noch, oder duzt du schon?« (»Dativ«-Band 4)
»Hello, Dolly!« (in diesem Buch auf S. 164)

Kesse Wecken, dufte Schrippen

Oft sind es Kleinigkeiten, an denen sich ein großer Streit entzünden kann. Kleinigkeiten wie ein Brötchen zum Beispiel. In einem Zeitungsinterview regte sich Wolfgang Thierse darüber auf, dass die gute alte Berliner Schrippe immer häufiger als Wecke angeboten werde. Damit brachte er die Schwaben gegen sich auf.

Während sich die Deutschen vor dem Jahreswechsel 2012/2013 mit den üblichen Böllern und Feuerwerksraketen eindeckten, explodierte in Berlin ein Silvesterkracher ganz anderer Art. Gezündet wurde er von Bundestagsvizepräsident Wolfgang Thierse, der in einem Interview mit der »Berliner Morgenpost« sein Missfallen an den Veränderungen in seinem Heimatstadtteil Prenzlauer Berg zum Ausdruck brachte. Er klagte über die angebliche Unlust der zugewanderten Schwaben, sich an die Berliner Lebensart und das Berlinische anzupassen. »Ich ärgere mich, wenn ich beim Bäcker erfahre, dass es keine Schrippen gibt, sondern Wecken«, sagte Thierse. In Berlin sage man »Schrippen«, daran sollten sich auch die Schwaben gewöhnen. Das gelte auch für anderes Backwerk, wie zum Beispiel »Pflaumendatschi«. »Was soll das?«, fragte Thierse, »in Berlin heißt es Pflaumenkuchen!«

Klare Worte aus dem Munde eines Pfannkuchens! So nämlich heißt der Berliner in Berlin. Dass es nicht immer leichtfällt, sich mit Veränderungen abzufinden, liegt in der Natur des Menschen. Auch dass man sich durch Einflüsse fremder Kulturen verunsichert fühlen kann, ist nicht ungewöhnlich. Wenn heute Kritik am Sprachwandel geübt wird, dann geht es dabei meistens um die vielen englischen Wörter, die in den vergangenen Jahrzehnten ins Deutsche eingeflossen sind. Dass jemand an der Ausbreitung des Schwäbischen Anstoß nimmt, wirkt dagegen geradezu drollig. Nicht über neumodische Backwaren wie Donuts, Muffins, Bagels, Brownies und Wraps wurde sich hier ereifert, sondern über Wecken.

Natürlich weckte Herr Thierse mit seinem Anti-Wecken-Ruf den Widerspruch einiger wackerer Schwaben. Mit Verweis auf den Länderfinanzausgleich machten baden-württembergische Politiker deutlich, dass die Berliner ohne die Hilfe der Schwaben deutlich kleinere Brötchen backen müssten, egal ob Wecken oder Schrippen. Außerdem seien für den Berliner offenbar alle Westdeutschen Schwaben, auch wenn sie aus Rheinland-Pfalz, Hessen oder Bayern stammten.

Tatsächlich schien Wolfgang Thierse in seiner Erregung Gebäckstücke von unterschiedlicher Herkunft in einen Topf geworfen zu haben. Ein schwäbischer Leser wies darauf hin, dass es in Schwaben keinen »Pflaumendatschi« gebe, sondern allenfalls »Zwetschgakuacha«. Das Wort »Datschi« (von datschen/tatschen = hinklatschen, breitdrücken) ist eher in Bayern beheimatet. Dort gibt es übrigens so manche Spezialität, die man als Auswärtiger nur ungläubig bestaunen kann, zum Beispiel »Ausgezogene«, ein Schmalzgebäck. Ausgezogene (bairisch *Auszogne*) werden auch »Knieküchle« genannt, weil der Teig über dem Knie in die Länge gezogen, also ausgezogen wird. Was würde Herr Thierse erst denken, wenn ihm im Schaufenster »Ausgezogene für nur 1 Euro!« angeboten würden. »Jetzt machen diese Schwaben aus unserer Berliner Bäckerei auch noch eine Peepshow!«

In Hamburg und Schleswig-Holstein heißt das Weizenbrötchen traditionell »Rundstück«. Doch unter diesem

Namen kennen es heute nur noch die Älteren. Das Rundstück verschwindet, stattdessen ist hier die Schrippe auf dem Vormarsch. Vielleicht sollte Herr Thierse nach Hamburg ziehen, dann müsste er sich nicht länger von Wecken überfremdet fühlen. Allerdings bekäme er es dann mit der »Hansesemmel« zu tun, einem Bäckereierzeugnis, das gegensätzliche Kulturen auf knusprige Art in sich vereint.
Der deutsche Sprachraum gliedert sich in drei große Zonen: eine Brötchenzone im Norden, eine Weckenzone im Südwesten und eine Semmelzone im Südosten. Berlin hat, nicht zum ersten Mal in der Geschichte, einen Sonderstatus – als Schrippeninsel. Die Übergänge zwischen den Zonen sind fließend, und die Zahl der regionalen Varianten ist groß. Nirgends aber ist sie so groß wie in Franken.

Ich hatte mal eine Geschichte in meinem Programm, in der es um ein Brötchen ging. Als ich damit in Nürnberg auftrat, suchte ich nach einer passenden Übersetzung, da ich mir der Tatsache bewusst war, dass niemand in Bayern »Brötchen« sagt. In Bayern sagt man »Semmel«, dessen war ich mir sicher, immerhin war das auch der Name meines Tourneeveranstalters »Semmel Concerts«, und der kam schließlich aus Bayreuth. Also wandte ich mich an mein Publikum mit den Worten: »Ich denke, bei Ihnen sagt man Semmel«. Da riefen die Nürnberger wie aus einem Mund: »Weggla! Weggla!« So lernte ich, dass es in Nürnberg nicht Semmel, sondern Weggla heißt. Wie man's schreibt, ist nicht eindeutig festgelegt, man findet es wahlweise mit Doppel-g oder mit ck, und meistens in Verbindung mit der Zahl Drei: »3 im Weckla für 2 €«. Mit diesen Dreien sind keine Musketiere oder Fragezeichen gemeint, sondern die berühmten Nürnberger Rostbratwürstchen, die immer im Trio auftreten. Und das nicht nur mit Sauerkraut, sondern eben auch im Brötchen.

Kurz darauf trat ich in Bamberg auf. Als die Stelle mit dem Brötchen kam, wollte ich mein frisch erworbenes Wissen zum Besten geben und erklärte, dass ich inzwischen gelernt hätte, dass ein Brötchen in Franken ein Weggla sei. Prompt riefen mir die Bamberger zu: »Brödla! Brödla!« Und ich erkannte, dass zwischen Mittelfranken und Oberfranken offenbar erhebliche Unterschiede bestehen.
Anderntags war ich in Bayreuth, was ja von Bamberg nicht allzu weit entfernt ist (manche meinen auch: nicht weit genug entfernt) und ebenfalls zu Oberfranken zählt. Und ich war fest entschlossen, die Sache mit dem Brötchen nicht noch einmal zu versemmeln. Also sagte ich zum Publikum: »Ich weiß schon, bei Ihnen sagt man nicht Weggla, sondern Brödla!« Da scholl es mir aus der vollbesetzten Stadthalle entgegen: »Laabla! Laabla!«
Danach habe ich die Nummer mit dem Brötchen kurzerhand aus dem Programm gestrichen.

Weiteres zur regionalen Vielfalt:

»Was vom Apfel übrig blieb« (»Dativ«-Band 2)
»Von Knäppchen, Knäuschen und Knörzchen« (»Dativ«-Band 3)
»Ein Hoch dem Erdapfel« (»Dativ«-Band 3)

Wecken, Semmel und andere Bezeichnungen für das Weizenbrötchen	
Brötchen	Niedersachsen, Mecklenburg-Vorpommern, Nordrhein-Westfalen, nördliches Rheinland-Pfalz, weite Teile Hessens, nördliches Sachsen-Anhalt und Teile Brandenburgs
Brodl, Brotl, Brotel, Brodln (Plural)	Sachsen
Brödla (= Brötlein)	Oberfranken (Bamberg)
Kipf, Kipfla (aus lateinisch *cippus* = Pfahl, länglich geformter Brotlaib)	Mittelfranken
Laabla (= Laiblein)	Oberfranken
Rundstück	Schleswig-Holstein, Hamburg und nordwestliches Niedersachsen
Schrippe (seit dem 18. Jh., von *schripfen* = aufreißen, einritzen)	Berlin und Brandenburg, darüber hinaus auch in Hamburg, Schleswig-Holstein und Mecklenburg-Vorpommern
Semmel (althochdeutsch *semala,* von lateinisch *simila* = fein gemahlenes Weizenmehl, aus dem Assyrischen *samidu* = weißes Mehl)	Bayern, Österreich, Franken, fränkischer Teil Thüringens (Südthüringen), teilweise auch in Sachsen, Sachsen-Anhalt und Brandenburg, auch in Ungarn (zsemle), Tschechien (žemle) und Bosnien (semele)
Stella (= kleiner Stollen)	Franken
Weck, Wecke, Wecken (althochdeutsch *weggi* = Keil)	Baden, Rheinland-Pfalz, Saarland, Rheinhessen, Unterfranken
Wecken, Weckle	Schwaben
Weckla, Weggla	Mittelfranken
Weckerl	Oberösterreich, Steiermark, Wien
Weggen, Weggli	Schweiz

Diese Tabelle erhebt selbstverständlich keinen Anspruch auf Vollständigkeit. Wenn Ihnen weitere regionaltypische Brötchenwörter bekannt sind, dürfen Sie sie mir gerne schreiben!

Wie blond kann man sein?

Frage eines Lesers aus Buchholz in der Nordheide: Schon seit Längerem beschäftigt mich die Frage, warum wir das Farbwort »blond« nur für Haare gebrauchen. Meiner Meinung nach ist blond vom Wort her gleichgestellt mit beige, blau, grün, violett usw.
Warum erscheint uns ein Feld voller Weizen nicht als »blond«, obwohl es der Haarfarbe ja stark ähnelt? Wieso gibt es keine blonden Autolacke oder blondes Furnier?

Antwort des Zwiebelfischs: Ob blond, ob braun, Farben sind nicht leicht zu durchschau'n. »Blond« bedeutet »goldgelb«, und goldgelb kann vieles sein: Eidotter zum Beispiel. Dennoch wird der Dotter nicht »das Blonde vom Ei« genannt. Allen Zusammensetzungen wie goldblond, strohblond und maisblond zum Trotz gibt es weder blondes Gold, blondes Stroh noch blonden Mais. Jedenfalls nicht in der Standardsprache. Dort scheint die Farbe »blond« den Haaren vorbehalten zu sein.

In der Umgangssprache allerdings ist sie auch in anderen Zusammenhängen zu finden. Bei bestimmten Genussmitteln spricht man von »blond«, wenn »hell« gemeint ist. Das Weizenbier kann »ein Blondes« oder »eine Blonde« sein. Auch für hellen Tabak und helles Holz wird umgangssprachlich die Bezeichnung »blond« gebraucht. Und nicht nur Bäcker wissen, was »blonde Brötchen« sind. Wer seinen Kaffee gern »süß und blond« mag, der genießt ihn mit Zucker und Milch. Abgestorbenes, gelb gewordenes Schilf wird ebenfalls gelegentlich als »blond« bezeichnet. Einige um Originalität bemühte Tourismusbroschüren werben mit »blonden Dünen«. Bislang ist aber noch niemand auf die Idee gekommen, das Branchenverzeichnis der Friseure die »blonden Seiten« zu nennen, obwohl das doch wirklich naheliegend wäre.

Zur Beschreibung hellen Fells bei Tieren wird »blond« nur selten herangezogen. Es gibt zwar ein Hunde-Shampoo der Marke Novagard Green »für blondes und weißes Fell«, doch im offiziellen Register der Hundefellfarben kommt »blond« nicht vor.
Auch für Pferde und Ponys wird »blond« als Fellfarbe nicht ernsthaft in Betracht gezogen. Graugelbes Fell wird »falb« genannt. Nicht einmal Schafe sind »blond«. Nach Strickwaren aus »blonder Wolle« sucht man im Otto-Katalog jedenfalls vergebens.

Genau wie violett, brünett und lila kommt auch »blond« aus dem Französischen. Und man vermutet, dass die Franzosen es ihrerseits von den Germanen übernommen haben, so wie die Farben »bleu«, »blanc«, »brun« und »gris« von »blau«, »blank«, »braun« und »grau«. Demzufolge wäre die Wurzel allen Blonds germanisch. Bei den alten Germanen hieß es allerdings noch nicht »blond«, sondern »blīnt«. Dieses Adjektiv, das »fahl« und »trübe« bedeutete, wurde auf dem deutschen Wege zu »blind«, auf dem französischen zu »blond«. Auch im Französischen können Tabak und Bier »blond« sein. In blumigen Texten sind dort auch blonder Staub, blonde Seide und blonde Morgenröte anzutreffen. (Wer sich unter »blonder Morgenröte« nichts vorstellen kann, der kann sich vielleicht eher einen rotblonden Morgenhimmel denken.)
Es gibt also in beiden Sprachen durchaus Ansätze, das Wort »blond« auf andere hellgelbe Erscheinungen anzuwenden, doch die Bedeutung als Haarfarbe ist so übermächtig, dass

alle Versuche, die Sprache über das menschliche Haar hinaus zu blondieren, entweder scherzhaft oder gekünstelt wirken.

Hinderlich für die Entwicklung zum vollwertigen Farbadjektiv ist außerdem der Umstand, dass »blond« gerade in jüngerer Zeit seine Bedeutung in eine andere Richtung ausgedehnt hat: Dank zahlreicher »Blondinen«-Witze ist »blond« mittlerweile zu einem Synonym für »beschränkt« geworden. So findet man in die Umgangssprache eingeflochtene blonde Strähnchen wie »Red nicht so blond!« und »Wie blond kann man sein?«.
Dabei handelt es sich aber sicherlich nur um eine vorübergehende Mode. Irgendwann wird das vorbei sein, und etwas anderes wird kommen. Dann heißt es vielleicht: »Braun ist das neue Blond!«

Weiteres zum Thema Farben:

»Sind rosane T-Shirts und lilane Leggins erlaubt?« (»Dativ«-Band 1)

Seid an Seit ins Getümmel

Frage eines Lesers aus Berlin: Ist es nicht »mein gutes öffentliches Recht« als Gebührenzahler, das Programm in korrekter deutscher Rechtschreibung und Grammatik zu bekommen? Dass gelegentliche Fehler vorkommen, ist ja verzeihlich. Aber die »Brisant«-Sendung von heute (5. Februar) ist in dieser Hinsicht einfach nur ärgerlich. In einen Beitrag über einen prominenten Musiker wurde ein Text eingeblendet, worin steht, dass er »seid Jahren« an Krebs leide. Nur Augenblicke später ist zu lesen, er hoffe, den Krebs »entgültig« zu besiegen. Haben die Sendungen der ARD nicht verantwortliche Redakteure, die die Beiträge vor der Veröffentlichung kontrollieren?

Antwort des Zwiebelfischs: Dass »seit« und »seid« verwechselt werden, ist ein weit und weidlich verbreitetes Phänomen. In Foren und Chats im Internet wimmelt es von Einträgen à la »Wo seit ihr?« und »Seid wann ist das so?«. Genauso ist es mit »endgültig«, das oft genug mit einem ungültigen »t« geschrieben wird.

Einem Schüler, der nicht wusste, ob »Ihr seid doch alle dabei gewesen« mit »d« oder »t« geschrieben wird, riet sein Lehrer, statt des Perfekts lieber die Vergangenheit zu wählen. Diese Empfehlung war allerdings kaum hilfreich, zumal sich bei »Ihr wart doch alle dabei« das gleiche Problem stellt. Ich selbst muss auch jedes Mal nachdenken, ob »ihr wart« mit »d« oder mit »t« geschrieben wird; denn ein »ward« mit »d« gibt es auch, und zwar als alte Form für »wurde«: »Und es ward Licht.« Das ist heute zwar kaum noch in Gebrauch, denn aus »ward« ward »wurde«, und niemand kann sagen, was einmal aus »wurde« werden wird.

Der just erwähnte Schüler konnte übrigens von Glück sagen, dass er nicht schreiben musste: »Seit ihr Seit an Seit in den Kampf gezogen seid …« Dann wäre er endgültig verzweifelt und hätte entgeltlich Nachhilfe nehmen müssen.

Warum es zwischen »seit« und »seid« und zwischen »end-« und »ent-« immer wieder zu Verwechslungen kommt, ist leicht zu verstehen: Wenn »d« und »t« am Ende einer Silbe stehen, gibt es klanglich keinen Unterschied. In manchen Gegenden Deutschlands, in Franken zum Beispiel, gibt es zwischen »d« und »t« nicht einmal einen Unterschied, wenn sie am Anfang stehen. Während auf die feine hochdeutsche Art beim Naseputzen »ins Taschentuch getrötet« wird, macht der Franke es auf seine Weise anders, denn er »dud ins Daschenduch dröden«.
Nun sind Gleichklang von Konsonanten und Besonderheiten von Dialekten keine Rechtfertigung für mangelnde Rechtschreibung im öffentlich-rechtlichen Fernsehen. Nicht einmal in einer Sendung, die offenbar eher »brisand« als brisant ist. Leider gibt es keinen Rechtsanspruch auf fehlerfreies Fernsehen; ich befürchte, man kann bei einer Häufung von Rechtschreibfehlern nicht einmal eine Gebührenminderung geltend machen. Sonst wären unsere Fernsehanstalden balt am Ente.

Weiteres zu typischen Rechtschreibfehlern:

»In Massen genießen« (»Dativ«-Band 1)
»Der große Spaß mit das und dass« (»Dativ«-Band 2)
»Der Pabst ist tod, der Pabst ist tod!« (»Dativ«-Band 2)
»Ich glaub, es hakt!« (»Dativ«-Band 3)
»Geradewegs auf die schiefe Ebene« (»Dativ«-Band 4)

Alle Vögel sind schon da

Frühling liegt in der Luft! Man kann ihn riechen, sehen und hören. Seine beliebtesten Vorboten sind die Vögel. Seltsam, dass sie in unserem Wortschatz so schlecht wegkommen: Vögel dienen als Platzhalter für Dummköpfe, Verrückte, Verbrecher und sogar für den Teufel.

Seit Generationen lernen Kinder mit Begeisterung das fröhliche Frühlingslied von August Heinrich Hoffmann von Fallersleben und besingen Amsel, Drossel, Fink und Star und schließlich die gesamte Vogelschar. Ohne Übertreibung kann man feststellen, dass Vögel sich bei uns Menschen großer Beliebtheit erfreuen. Ausgenommen vielleicht Krähen und Elstern, die noch immer ein gewisses Imageproblem haben. Und Tauben, wenn sie uns von oben herab bekleckern. Die meisten Vögel aber mögen wir, wir schätzen ihre Eleganz, ihre Leichtigkeit, ihren Nesttrieb, ihren Familiensinn. Wir bewundern ihr schillerndes Gefieder und ihren Gesang. Und seit ewigen Zeiten beneiden wir sie um die Fähigkeit zu fliegen.

Die Vögel haben einen festen Platz in dieser Welt und auch in unserer Sprache. Vögel beflügeln unseren Wortschatz. Es gibt viele Redewendungen, in denen Vögel vorkommen. »Mein lieber Schwan!«, sagt man zum Beispiel, wenn man ganz besonders erstaunt ist. Das geht auf eine Oper von Richard Wagner zurück, in der sich ein gewisser Herr Lohengrin von einem Schwan übers Wasser ziehen lässt und nach der Ankunft die Arie anstimmt: »Nun sei bedankt, mein lieber Schwan!«

Auch der Kuckuck musste für viele Redensarten herhalten. Wenn es irgendwo drunter und drüber ging, sagte man: »Da ist der Kuckuck los!« Damit war eigentlich der Teufel gemeint. Aber weil man früher Angst davor hatte, den Ihr-wisst-schon-wen beim Namen zu nennen, sagte man lieber »Kuckuck«. Daher auch die Wendungen »Das weiß der Kuckuck«, »Hol's der Kuckuck!«, »Zum Kuckuck noch mal!« und »Scher dich zum Kuckuck!«.

Daneben flattern durch unsere Sprache zahlreiche »schräge Vögel«. Wer nicht ganz richtig im Kopf ist, bei dem »piept« es, wie man umgangssprachlich sagt. Und warum piept es? Weil er einen Vogel hat! Und zwar nicht irgendeinen Vogel, sondern eine Meise. Wir freuen uns über Meisen im Garten und stellen für sie im Winter sogar Futterhäuschen auf. Aber wehe, jemand hat eine Meise im Oberstübchen! Womöglich gar eine ausgewachsene Vollmeise!

Dann fehlt nicht mehr viel, und er wird ein »komischer Kauz«. So nennt man jemanden, der seltsam und verschroben ist. Das kommt wohl daher, dass Käuze immer ein bisschen verkniffen dreinschauen. Ein Kauz ist eine fusselige Eule, und Eulen sind bekanntlich nachtaktive Vögel. Deshalb wird ein Mensch, der den Tag verschläft und sich die Nächte um die Ohren schlägt, scherzhaft als »Nachteule« bezeichnet. Das bevorzugte Revier der Nachteule sind Kneipen und Bars, die bis zum Morgengrauen geöffnet haben.

Vögel sind eigentlich recht reinlich, sie putzen ständig ihr Gefieder und kremen sich mit Bürzeldrüsenfett ein. Dennoch nennen wir ein Kind, das sich schmutzig gemacht hat, einen »Dreckspatz«, und wenn es mit Farben wütet und Kleckse macht, dann wird es gar zum »Schmierfinken«. Früher nämlich hielt man den Finken für einen schmutzigen Vogel, weil er immer wieder dabei erwischt wurde, wie er in Pferdeäpfeln herumpickte. Dabei sind Pferdeäpfel ja sehr nahrhaft und werden auch gern als Dünger verwendet. Dennoch hat sich die Bezeichnung Schmierfink bis heute gehalten. Es gibt auch erwachsene Schmierfinken. Man versteht darunter einen lausigen Kunstmaler, einen anonymen Verfasser unanständiger Briefe oder jemanden, der nachts heimlich Häuserwände mit Graffiti verunstaltet.

Ein Mensch, der stets zu Scherzen aufgelegt ist, wird gern als »Spaßvogel« bezeichnet. Schillernde Persönlichkeiten mit exotischen Manieren und ausgefallener Kleidung werden »Paradiesvögel« genannt. Und wer im Leben vom Pech verfolgt wird, ist ein »Pechvogel«, wenn nicht gar ein »Unglücksrabe«. So wie Hans Huckebein, der Rabe aus dem Gedicht von Wilhelm Busch, der sich in einer Garnrolle verhedderte und dabei selbst strangulierte. Ein Mensch, der ausgesprochen viel Glück hat, ist hingegen kein »Glücksvogel«, sondern ein »Glückspilz«. Vögel sind offenbar zu

schräg, um Glück zu verkörpern. Sie scheinen besser geeignet für Hohn und Spott.

Wer dem Alkohol übermäßig zugetan ist, wird von anderen spöttisch »Schluckspecht« genannt. Dabei sind Spechte ja eher fürs Hämmern als fürs Schlucken bekannt. Der Schluckspecht ist nicht der einzige alkoholabhängige Vogel in unserer Sprache. Es gibt auch noch die »Schnapsdrossel«. Nun ist diese Drossel in Wahrheit allerdings kein Vogel, sondern nur ein anderes, altes Wort für Kehle. Schnapsdrossel bedeutet also nichts anderes als eine Kehle, durch die ordentlich viel Schnaps rinnt. Das Wort »Drossel« in der Bedeutung »Kehle« gibt es heute noch in dem gruseligen Wort »erdrosseln«. Womit wir wieder bei Hans Huckebein wären, dem Raben, der sich aus Versehen selbst erdrosselt hat. Wenn das kein Paradoxon ist: ein erdrosselter Rabe!

Wann immer sich Schulden zu einem Berg türmen, sieht man ihn sprichwörtlich kreisen: den »Pleitegeier«. Der Pleitegeier stammt allerdings nur scheinbar aus der Vogelwelt, in Wahrheit kommt er aus dem Jiddischen; dort war der *plejte gejer* jemand, der pleiteging, also Bankrott machte. Wer kein Jiddisch verstand, hörte aus dem Wort *gejer* nicht den Geher heraus, sondern den Geier. Und so erklärt sich, dass dem gewöhnlichen Pleitier plötzlich Schnabel, Krallen und Flügel wuchsen.

Unsere Sprache kennt noch zahlreiche weitere Menschen in Vogelkostümen: Beim Ballett und im Karneval gibt es die »Hupfdohle« – das ist ein abwertender Ausdruck für eine Tänzerin oder einen Tänzer. Die Dohle gibt es wirklich, es handelt sich um eine Singvogelart aus der Rabenfamilie.

Apropos Rabenfamilie: Eltern, die ihre Kinder vernachlässigen, nennt man »Rabeneltern«. Das geht auf eine falsche Deutung der Natur zurück: Junge Raben verlassen das Nest, bevor sie fliegen können, und hüpfen daher zunächst noch etwas unbeholfen auf dem Boden umher. Die Menschen dachten früher, die Rabenjungen seien von ihren Eltern aus dem Nest gestoßen worden. In Wahrheit kümmern sich Rabeneltern nicht weniger liebevoll um ihre Brut als andere Vogelarten. Am Boden sind die jungen Raben sicherer als im Nest, wo sie zur leichten Beute für räuberische Falken werden können.

Das Gegenteil der Rabenmutter ist die »Glucke«. Die Gluckenmutti zeichnet sich durch übertriebene Fürsorglichkeit aus. Und wo die Glucke gluckt, ist der »eitle Gockel« nicht weit. Als solchen bezeichnet man einen Angeber und Blender, jemanden, bei dem stets die Gefahr besteht, dass er sich »mit fremden Federn schmückt«.

Wachteln sind Hühnervögel, die früher gern gejagt wurden. Ihr zartes Fleisch und ihre Eier galten als Delikatesse. Heute ist die Jagd auf Wachteln verboten. Darüber freut sich besonders die »Spinatwachtel«. Die war allerdings weder bedroht noch wurde sie gejagt, höchstens mal zum Teufel, denn eine Spinatwachtel ist eine alte, hagere Frau,

die etwas schrullig ist. Ihre Cousine ist die »Schnepfe«. In freier Natur ist die Schnepfe ein zierlicher Vogel, mit einem Schnabel so lang und dünn wie ein asiatisches Essstäbchen. Bei uns Menschen ist die Schnepfe eine zickige Frau, die allen auf die Nerven geht. Daneben kennt man noch die »blöde Gans«, die »dumme Pute«, das »blinde Huhn« und die »lahme Ente« – allesamt arme Spottvögel.

Auch der menschliche Körper hat vieles vom Vogel. Manche Menschen haben Storchenbeine, andere eine Habichtsnase und wieder andere ein Spatzenhirn. Wenn uns gruselt oder friert, bekommen wir eine Gänsehaut. Und irgendwann bekommt man um die Augen Krähenfüße und an den Füßen Hühneraugen. Ein sprachliches Wunder: Den Augen wachsen Füße und den Füßen Augen – den Vögeln sei Dank!

Es gibt vieles, was uns mit Vögeln verbindet. Manchmal sehen wir aus wie frisch aus dem Ei gepellt, wir können Nesthäkchen sein, flügge werden und verliebt sein wie die Turteltauben. Wir mögen keine Nestbeschmutzer und ziehen die Freiheit einem Leben im goldenen Käfig vor. Ab und zu müssen wir Federn lassen, wir können uns mausern und manchen Höhenflug erleben. Wenn wir gierig sind, dann geiern wir, und wenn uns übel ist, dann reihern wir. Was uns jedoch am auffälligsten mit den Vögeln verbindet: Wir reden am liebsten so, wie uns der Schnabel gewachsen ist.

Mehr zu den Vögeln in unserer Sprache:

»**Das Paarungsverhalten der Uhue**« (»Dativ«-Band 4)
»**Der Vogel und die Vögelin**« (in diesem Buch auf S. 160)

Wie muss Deutsch?

Vom Elektro-Engroshändler Saturn gibt es eine erfreuliche und eine bedauerliche Nachricht. Die erfreuliche: Saturn hat sich von der gleichermaßen armseligen wie enervierenden Parole »Geiz ist geil« verabschiedet. Die bedauerliche: Der neue Werbespruch ist auch nicht besser.

»Soo! muss Technik« lautet die neue Devise, mit der in gewohnter Penetranz auf jeden eingehämmert wird, der sich nicht rechtzeitig in Sicherheit zu bringen vermochte. Immerhin wird hier auf Deutsch geworben, was heutzutage schon gewisse Beachtung verdient. Aber welch ein Deutsch ist das?

Schon bei der Kampagne mit den »G«-Wörtern schien bei Saturn jegliche Geschmacksgrenze erodiert, der letzte ästhetische Anspruch zum Teufel gejagt; Menschen mit Sinn für Stil und Kultur waren gezwungen, ihre Kameras und DVDs im Internet zu bestellen; denn wer auf offener Straße mit einer Saturn-Tasche gesehen wurde, machte sich automatisch mitschuldig am geilsten Sittenverfall aller Zeiten.

Der neue Spruch bleibt in Aussage und Form den minimalistischen Prinzipien der Handelskette treu, die bei der Ausstattung und Innenbeleuchtung ihrer Häuser gezielt auf den Charme von Legebatterien setzt. Er ist syntaktisch unvollständig; auf das Hilfsverb »sein« wartet man vergebens. Handelt es sich hierbei nun um ein Indiz für die fortschreitende Verblödung unserer Gesellschaft? Oder um eine bewusste Provokation? Oder gar um eine Anbiederung an den Jargon der Kiezjugend, die ohne Artikel und Präpositionen auskommt und statt »Ich warte auf den Bus« nur noch »Ischwarte Bus« sagt?

Meine in Köln lebende Freundin Tina vermutet, dass der Spruch in Anlehnung an die rheinische Mundart entstanden sei. »So muss dat« ist ein in der rheinischen Umgangssprache gern verwendeter Ausdruck für »So ist es richtig« oder »So gehört sich das« und als solcher nicht allein den Jugendlichen vorbehalten. Für Tinas Annahme spricht die Tatsache, dass sich das Saturn-Mutterhaus in Köln befindet. Im Juli 1961 wurde dort der erste Saturn-Markt eröffnet. Inzwischen wird der Konzern zwar vom bayerischen Ingolstadt aus gelenkt, aber die Werbung kommt aus Norddeutschland.

Für die »Geiz ist geil«-Kampagne zeichnete die Hamburger Werbeagentur Jung von Matt verantwortlich, den neuen Spruch »Soo! muss Technik« kreierte die Agentur Scholz & Friends mit Sitz in Berlin und Hamburg. Das Hamburger Büro befindet sich übrigens in derselben Straße wie dasjenige, in dem ich meine Kolumnen über das Wunderbare und das Wunderliche der deutschen Sprache schreibe. Nur ein paar Hausnummern von mir entfernt haben sich ein paar kreative Köpfe den Spruch »Soo! muss Technik« ausgedacht. Da kann man mal wieder sehen, wie wenig man seine Nachbarn kennt!

In einem Interview mit Media-Saturn-Chef Horst Norberg konnte man erfahren, dass der Konzern jährlich an die 600 Millionen Euro allein für Werbung ausgibt. Eine beachtliche Summe! Das entspricht der Hälfte des gesamten Kulturetats der Bundesrepublik Deutschland für das Jahr 2012. Herr Norberg bemühte sich übrigens um eine korrekte Sprache und antwortete stets in vollständigen Sätzen. Kein »Wie geil ist das denn?« oder »So muss Verkaufe!«. Da fragt man sich: Wo bleibt da die viel beschworene »Corporate Identity«? »Unsere aggressive Werbung hat uns nicht nur

Sympathien gebracht«, räumte Norberg stattdessen ein, wobei »nicht nur« als ein Euphemismus für »wenig« verstanden werden darf. (Wie jemand überhaupt annehmen kann, Aggressivität könne sympathisch wirken, wird mir ohnehin ein Rätsel bleiben.)

Ich werde weiterhin meine DVDs im Internet bestellen. Denn ich kann es mir nicht leisten, mit einer »Soo! muss Technik«-Plastiktüte in der Hand gesehen zu werden. Im alten Rom mag man sich gefragt haben: Wie, bei Jupiter, soll unser Latein sein? Heute lautet die Frage: Wie, bei Saturn, muss Deutsch?

Vor Kurzem bekam ich Post von meiner Freundin Tina. Sie hatte mir aus dem Frankreichurlaub geschrieben, und zwar gleich zweimal. Auf der ersten Karte war eine herrliche südfranzösische Landschaft zu sehen, und auf der Rückseite stand in Tinas hübsch geschwungener Handschrift: »Lieber Basti! So muss Urlaub ...«. Einen Tag später traf eine zweite Karte ein, sie zeigte eine nicht minder schöne Landschaft, und auf der Rückseite las ich: »... sein! Viele liebe Grüße aus Südfrankreich sendet dir deine Tina!«

Weiteres zur Sprache in der Werbung:

»Brutalstmöglich gesteigerter Superlativissmus« (»Dativ«-Band 1)
»Die reinste Puromanie« (»Dativ«-Band 1)
»Qualität hat ihren Preis« (»Dativ«-Band 3)
»Werbung mit Spliss« (in diesem Buch auf S. 64)

Der Chef ist auf Termin

Wer immerzu auf Arbeit ist, der muss auch mal auf Urlaub sein. Denn wer zu viel auf Achse war, ist irgendwann auf Kur. Und wer zu oft auf Droge war, ist irgendwann auf Entzug. Das ist nicht unbedingt auf Linie, und ist es überhaupt auf Deutsch?

Vor einiger Zeit wandte sich ein Mitarbeiter der Freiburger Stadtverwaltung in einer E-Mail an mich und bat um Rat. Er schrieb, die Vorzimmerdamen in seiner Behörde seien verunsichert, weil sich einige Anrufer darüber lustig machten, wenn sie am Telefon sagten: »Der Chef ist auf Termin«. Ich habe mich über diese E-Mail gefreut, nicht nur, weil ich sogleich spürte, dass sie Stoff für eine neue Kolumne liefern würde. Vor allem freute ich mich über die Verwendung des schönen, aber leider viel zu selten gewordenen Wortes »Vorzimmerdamen«.

Und hier ging es um Vorzimmerdamen in Not! Keine Frage also, dass ich beherzt eingreifen würde. Zunächst einmal ist festzuhalten, dass die Freiburger Vorzimmerdamen bereits eine beachtliche Abstraktionsleistung vollbringen, wenn sie einem Anrufer auf Hochdeutsch erklären, der Chef sei »auf Termin«. Als gebürtige Badenerinnen könnten sie ebenso gut sagen: »Dä Schef isch nit do« oder »Seller isch gange un kummt hit au nimmi«.* Stattdessen entschlossen sie sich zu einer überregionalen Variante und schickten den Chef »auf Termin«. Das wird zwar von allen Deutschen verstanden, aber offenbar nicht von jedem gutgeheißen. Die Jury bei »Deutschland sucht die Supervorzimmerdame« gibt der

* Auf Hochdeutsch: »Der Chef ist nicht da« und »Er ist fortgegangen und kommt heute auch nicht mehr wieder«.

Präposition »auf« in Verbindung mit dem Wort »Termin« allenfalls die Note »umgangssprachlich«.

Es gibt zahlreiche Formulierungen, in denen »auf« mit einem Hauptwort eine elegante Verbindung eingeht: auf Wunsch, auf Verlangen, auf Befehl, auf Kredit, auf Ehrenwort, auf Rezept. Die Eleganz schwindet jedoch, wenn sich als dritter Bestandteil eine Form von »sein« hinzugesellt. »Auf Termin sein« entspricht ebenso wenig dem Sprachstandard wie »auf Arbeit sein« oder »auf Schalke sein«. Gut, das mit Schalke nehme ich zurück, auch wenn ein paar Dortmunder deswegen enttäuscht sein werden.

Die »auf ... sein«-Bildungen sind allerdings praktisch und daher in der Umgangssprache reichlich vertreten. Lastwagenfahrer sind ständig »auf Achse«, Musiker sind gern »auf Tour«, und wenn das rote Licht aufleuchtet, wissen Moderatoren und Studiogäste, dass sie »auf Sendung« sind.

Wer irgendwo verkürzt »auf Probe« ist, der ist in der längeren, standardsprachlichen Version »zur Probe angestellt«. Auch die geläufige Formulierung »Er ist auf Bewährung« ist nur eine umgangssprachliche Verkürzung des Ausdrucks »Er wurde zur Bewährung freigelassen«. Man kann irgendwo bei irgendwem »auf Besuch« sein, obwohl es dem stilgebildeten Gastgeber gewiss lieber ist, man wäre »zu Besuch«. Man kann »auf Diät« sein, auch wenn es vielleicht eleganter wäre, eine Diät zu machen oder – noch kürzer – Diät zu halten. Und wenn's nicht hilft, dann ist man früher oder später »auf Kur«. Aber auch das ist umgangssprachlich. Wer dem Sprachstandard genügen will, der ist »zur Kur«. Denn bei der Kur kommt es schließlich auf die Anwendungen an, und mit der Anwendung der passenden Präposition fängt es schon mal an.

Das Gleiche gilt auch für den Lehrgang und die Fortbildung: »Ich bin auf Fortbildung« klingt so, als handelte es sich um einen Kursus für Monteure, denn von denen weiß man, dass sie berufsbedingt oftmals lange »auf Montage« sind. Wer schon willens ist, sich fortzubilden, sollte beherzt bei seinem Sprachstil anfangen und sich selbst »zur Fortbildung« empfehlen.
Die meisten Konstruktionen mit »auf« und »sein« gehen auf das Wandern zurück. »Auf Wanderschaft« war man schon zu früheren Zeiten. Nach diesem Vorbild wurden die Wendungen »auf Reisen sein«, »auf Tournee sein« und »auf Achse sein« gebildet. Und wer, so wie einst die Handwerksgesellen, auf Wanderschaft ist, der ist gleichzeitig auch auf Suche: nach einem Bett, einer warmen Mahlzeit, nach neuer Arbeit. Somit lassen sich auch alle Formen der Suche mit »auf« und »sein« verbinden: auf Schatzsuche sein, auf Abenteuersuche sein, auf Partnersuche sein.

Da der Drogenrausch gern mit einer Reise gleichgesetzt wird (weshalb man ihn auch Trip nennt), bürgerten sich die Formulierungen »auf Gras«, »auf LSD« und »auf Ecstasy« ein. Ich bin mir nicht sicher, ob die Spedition »Tirolia« sich dessen bewusst war, als sie auf Plakaten und in Anzeigen mit der Feststellung warb: »Hier sind alle auf Speed!« Gemeint war wohl »auf Draht« oder »auf Zack«. Speed ist aber nicht nur das englische Wort für »Geschwindigkeit«, sondern auch der Name einer synthetischen Droge.

Dem Trip folgt häufig der Entzug, und da auch das als eine Reise verbucht werden kann, ist hier gleichfalls die Konstruktion mit »auf« und »sein« möglich: Wer zu oft auf Alkohol war, ist irgendwann auf Entzug.

Zum Glück kann es mir einerlei sein, ob die Chefs dieses Landes »auf Termin« sind oder »auf Urlaub«. Mich interessiert auch nicht, ob ihre Vorzimmerdamen »auf Zack« oder »auf Trab« sind. Solange sie nicht »auf Trapp« sind, wie man auch immer wieder mal lesen kann. Hauptsache ist doch, dass niemand »auf 180« ist, denn das wäre nicht gut für sie oder ihn und schadete nur unserem Gesundheitssystem, das ohnehin ständig auf Reform ist.

Wenn ich etwas nachdenke, fallen mir bestimmt noch weitere umgangssprachliche Ausdrücke mit »auf« und »sein« ein. Dazu ziehe ich mich für einen Moment zurück. Wenn Sie mich also kurz entschuldigen wollen: Ich bin mal eben auf Klo!

Weitere Beispiele in der Tabelle auf der folgenden Seite!

Auf Tabelle sein
auf Achse sein
auf Arbeit sein / besser: auf der Arbeit sein, arbeiten
auf Arbeitssuche sein
auf Besuch sein / besser: zu Besuch sein
auf Bewährung sein / besser: zur Bewährung freigelassen sein
auf Diät sein
auf Draht sein
auf Drogen sein
auf Entzug sein (infolge des vorangegangenen Beispiels)
auf Fortbildung sein / besser: zur Fortbildung sein, sich fortbilden
auf Helium sein / anders ausgedrückt: wie die Chipmunks sprechen
auf 180 sein / besser: wieder zur Ruhe kommen
auf Kur sein / besser: zur Kur sein
auf Kurs sein
auf Lehrgang sein / besser: zu einem Lehrgang sein, einen Lehrgang machen
auf Linie sein
auf Montage sein
auf Partnersuche sein
auf Reise(n) sein
auf Safari sein
auf Schicht sein
auf See sein
auf Sendung sein
auf Termin sein / besser: einen Termin haben, im Gespräch sein
auf Tour(nee) sein
auf Trab sein
auf Urlaub sein / besser: im Urlaub sein, in den Urlaub fahren, Urlaub machen
auf Wanderschaft sein / früher auch: auf (der) Walze/Walz sein
auf Zack sein

Einsatz für Agent 00

Wie drückt man sich am besten aus, wenn man ein dringendes Bedürfnis hat? Mancher formuliert es mit Hilfe von Kaiser und Papst, andere munkeln etwas von einem kurzen Verschwinden oder von kleinen Tigern. Noch immer gibt es keinen allgemein akzeptierten Ausdruck für die alltäglichste Sache der Welt.

Oft sind es ganz banale Dinge, die uns sprachlich die größten Schwierigkeiten bereiten. In der Schule und im Studium lernen wir viele nützliche Fremdwörter, pauken Vokabeln und Grammatik, aber niemand lehrt uns, wie man sprachlich elegant und stilistisch sicher zur Toilette gelangt.

Die knappe Feststellung »Ich muss mal« gilt in unserem Kulturkreis zwar als unmissverständlich, ist aber nicht universell einsetzbar. Würde man so etwas in einer Konferenz, einem Kundengespräch oder während eines Geschäftsessens sagen? Lieber wählt man eine Umschreibung. Mancher erklärt sich zum Getriebenen und sagt: »Entschuldigen Sie mich bitte kurz, der Kaffee treibt.« Andere bevorzugen Tee.

Auch beim Arzt sucht man oft verkrampft nach dem passenden Wort. Begriffe wie »Harnlassen« oder »Urinieren« sind zu klinisch, als dass sie jedem locker über die Lippen gingen. In familiärer Atmosphäre ist es leichter, da stehen uns zahlreiche Ausdrücke zur Verfügung. An der Ankündigung »Ich muss mal pinkeln« würden im Freundes- oder Familienkreis wohl nur die wenigsten Anstoß nehmen.

Als ich mich kürzlich mit einigen Freunden über dieses Thema unterhielt, meinte Philipp, »pinkeln« sei inzwischen Standardsprache. »Vielleicht in Bremen, wo Braunkohl mit

Pinkel als Spezialität gilt«, wandte Henry ein. »Ich sage auch ›Pipi machen‹«, fuhr Philipp ungerührt fort. Seine Freundin Maren verdrehte die Augen: »Du sagst auch andere infantile Sachen wie ›Happi Happi machen‹ für ›essen‹ und ›Bubu machen‹ für ›schlafen‹.«

Tatsächlich behauptet sich die Kindersprache in einigen Bereichen des Alltäglichen besonders hartnäckig. Vielleicht, weil ihr etwas Harmloses, Unschuldiges innewohnt. Indem man eine Sache verniedlicht, erscheint sie uns weniger unangenehm, lästig oder peinlich. Das klappt aber eben nur im privaten Bereich. Im Sterne-Restaurant würde man mit der Frage, wo man »mal eben Pipi machen« könne, Heiterkeit oder Befremden hervorrufen. Und meiner Meinung nach befindet sich Philipp im Irrtum mit seiner Annahme, »pinkeln« sei salonfähig. Nun ja, es kommt auf den Salon an. Immerhin ist es weniger derb als »pissen«. Ein solches Wort war uns Kindern verboten. Hingegen durften wir »pieschern« sagen – die norddeutsche Variante desselben derben Wortes, aber eben plattdeutsch und somit harmlos.

Henry beharrte darauf, dass alle urinhaltigen Wörter, die mit einem »P« beginnen, in zivilisierteren Kreisen inakzeptabel seien. »Wie gut, dass du nicht zu diesen Kreisen gehörst«, stellte ich erleichtert fest und erinnerte ihn daran, dass er sich früher an Metaphern weidete wie »Agent 00 wird zum Einsatz gerufen«.

Wäre Henry damals in die Werbung gegangen, würde er heute zu jenen gehören, die sich Kampagnen für Präparate zur Regulierung des Harndrangs ausdenken und Sätze erfinden wie: »Weniger müssen müssen!« Ein wirklich griffiger Slogan, den man allerdings auch für ein antiautoritäres Erziehungskonzept halten könnte.

Nach der zweiten Flasche Wein stand Maren auf und sagte: »Ich muss dann mal für kleine Mädchen.« – »Auch eine gern genommene Umschreibung!«, bemerkte Henry, »die zudem noch den angenehmen Nebeneffekt hat, dass sie einen jünger erscheinen lässt.« Bezeichnenderweise wird diese Formulierung selten von Kindern gebraucht, sondern meistens von Erwachsenen, deren Kindheit bereits mehrere Dekaden zurückliegt. Das »mal für kleine Mädchen« oder »mal für kleine Jungs« (süddeutsch auch »für kleine Buben«) müssen gibt es in den verschiedensten Spielarten: Der eine muss »für kleine Bäckermeister«, ein anderer »für kleine Feuerwehrmänner«, und viele empfehlen sich gern »für kleine Tiger«, in der Siegfried-&-Roy-Variante auch »für kleine Königstiger«. Guido Westerwelle musste auch bestimmt schon mal »für kleine Außenminister«. Ich stelle mir gerade vor, wie es ist, wenn ein EU-Gipfel unterbrochen wird, weil Angela Merkel erklärt, sie müsse mal kurz »für kleine Bundeskanzlerinnen«, und die EU-Dolmetscher in ihren Kabinen das dann simultan in alle EU-Sprachen übersetzen: »Mrs. Merkel said, she just must for little Lady-Chancellors«, »Madame Merkel a dit qu'elle doit brièvement pour petites chancelières«.

Wie auch immer, eines ist sicher: Auch Angela wird dorthin zu Fuß gehen, wohin vor ihr bereits der Papst und der Kaiser zu Fuß gegangen sind. Auch dies sind immer noch beliebte Umschreibungen für das Aufsuchen einer Toilette.

In einer Szene des amerikanischen Roadmovies »Transamerica« sagt die weibliche Hauptfigur während einer Rast, sie müsse sich mal »die Nase pudern«. Das brachte mich zum Schmunzeln. Tatsächlich erfreut sich dieser angestaubte Ausdruck noch immer großer Beliebtheit. Zum einen, weil

Frauen das Bedürfnis haben, gelegentlich ihr Make-up zu kontrollieren, zum anderen, weil er als blumiger Vorwand geeignet ist, um alle möglichen Absichten zu verschleiern: Wenn eine Frau sagt, sie wolle sich »die Nase pudern«, kann das auch heißen, dass sie einfach mal frische Luft braucht, draußen eine Zigarette rauchen oder ein heimliches Telefongespräch führen will.

In besagtem Film indes lässt die Situation nur eine Deutung zu, die der Begleiter auch sofort begreift: Ohne mit der Wimper zu zucken, reicht er der Frau eine Rolle Toilettenpapier.

Die Schambehaftung des Wasserlassens spiegelt sich nicht allein in der deutschen Sprache wider, sondern in so ziemlich jeder anderen auch. Die Engländer zum Beispiel, jahrhundertelang als verklemmt und sittenstreng verschrien (oder gepriesen), tun sich mindestens genauso schwer wie unsereiner. Dabei können sie sich immerhin rühmen, das WC erfunden zu haben: 1775 ließ sich der Brite Alexander Cummings sein »Water Closet« (engl. closet = kleine Kammer, Gelass) patentieren; im 19. Jahrhundert wurde es als Wasserklosett auch in Deutschland bekannt.

Im angelsächsischen Sprachraum gilt das Wort »Water Closet« allerdings als unfein. Wer nach einem WC sucht, drückt sich meistens anders aus: »Where are the restrooms?«, fragt man in den USA bevorzugt, was so viel heißt wie »Wo sind die Erfrischungsräume?«. In Großbritannien fragen Frauen in einem Restaurant: »Where is the Ladies'?«. Nicht zu verwechseln mit »Where are the Ladies?«. Das fragen nur Herren, und auch nur solche, die keine Gentlemen sind.

In Deutschland ging man früher zum »Abort«, eine Kurzform für den »abgelegenen Ort«, denn aus olfaktorischen Gründen lag das bewusste Örtchen in einiger Entfernung zur guten Stube, vorzugsweise draußen im Hinterhof. Manchen schien selbst das Kurzwort »Abort« noch zu lang, und so etablierte sich, lange vor Erfindung des Anrufbeantworters, die Abkürzung AB. Und das ist gar nicht mal so abwegig, denn schließlich haben der Abort und der Anrufbeantworter einiges gemein: Auf beiden kann man sich erleichtern. Und in beiden Fällen genügt ein Tastendruck, um das Hinterlassene verschwinden zu lassen.

Heute gehören WCs zur Standardausstattung eines jeden Hotelzimmers. Das war nicht immer so. Zu früheren Zeiten gab es pro Etage maximal ein WC, das sich die Hotelgäste teilen mussten. Man fand es hinter der Tür mit der Doppelnull als Zimmernummer. »00« war das Gemeinschaftsklosett, »01« dann das erste Gästezimmer. So kam es, dass 00 zum Symbol für Toiletten wurde, auch dort, wo es keine durchnummerierten Zimmer gab.

Als elegant werden solche Lösungen empfunden, die das eigentliche Anliegen unausgesprochen lassen. Ein »Wenn Sie mich für einen Augenblick entschuldigen würden?« wird verstanden, ohne dass es einer weiteren Erklärung bedürfte. Und wer sich im Restaurant nach dem Weg zum Abort erkundigt, tut dies am stilsichersten mit der einfachen Frage: »Wo, bitte, befinden sich die Toiletten?« Das ist eindeutig und verhüllend zugleich, zumal es von der Ursache (dem dringenden Bedürfnis) ablenkt und auf eine wo-auch-immer-befindliche Örtlichkeit verweist. Das schöne französische Wort »Toilette« ist übrigens eine Verhüllung par excellence! Ursprünglich bedeutete »toilette« nichts anderes als ein kleines Tuch, auf dem Kamm und Bürste abgelegt wurden. Daraus wurde die Morgentoilette, das tägliche Sich-Zurechtmachen vor dem Spiegel. Als man diese in geflieste Räume verlegte, ging die Bezeichnung für das morgendliche Ritual auf die Räumlichkeiten über – und letztlich auf die darin befindliche Keramik, denn unter Toilette versteht man heute sowohl den Lokus (lat. locus = Ort) als auch die Kloschüssel. Meine Freundin Sibylle sagt allerdings nie »Toilette«, sondern »Tö«. Laut Duden ist das Wort »Tö« eine Verkürzung des Wortes »Toilette« und auch in dieser kurzen Form weiblich, doch Sibylle gebraucht es sächlich. Sie geht nicht »auf die Tö«, sondern »aufs Tö«. Vielleicht in Anlehnung ans »Töpfchen«, auf das kleine Kinder müssen.

Als Maren schließlich an unseren Tisch zurückkehrte, sah sie sehr vergnügt aus. »Was war los?«, fragte Henry. »Hat dir die Klofrau ein Gedicht vorgetragen?« – »Nein«, erwiderte Maren lachend, »die war gar nicht da. Ich denke mal, sie ist zur Kur geschickt worden. Oben hängt nämlich ein Schild, auf dem steht: ›Wegen Renovierung der WC-Damen sind die Toilettenanlagen im EG gesperrt.‹«

Die geschleifte Sprache

Regelmäßig geraten wir mit unregelmäßigen Verben ins Schleudern. So auch jene Frau, die auf einem Parkplatz von einem Auto mitgeschleift wurde. Von der »Bild«-Zeitung, die in verschliffener Grammatik darüber berichtete, ganz zu schweigen.

Wie man auf »bild.de« erfahren konnte, ist eine Frau auf einem Parkplatz in Tampa (Florida) aus einem fahrenden Auto überfallen worden. Einer der Räuber versuchte ihr im Vorbeifahren die Handtasche zu entreißen. Doch sie hielt diese mit beiden Händen fest umklammert, sodass sie vom Auto zu Boden geworfen und einige Meter »mitgeschliffen« wurde. So las und hörte man es im Beitrag auf »bild.de«.

Die Frau ist zu bedauern. Die hier getroffene Wortwahl auch. Das Verb »schleifen« gibt es in verschiedenen Bedeutungen und mit verschiedenen Zeitformen. Wenn es »schärfen«, »glätten« bedeutet, dann wird »schleifen« in der Vergangenheit zu »schliff« und als Perfektpartizip zu »geschliffen«:

> Der Metzger wetzte die Messer und schliff die Klingen.
> Das Holz muss vor dem Lackieren geschliffen werden.
> Brillanten sind geschliffene Diamanten.

Wenn »schleifen« allerdings »hinter sich herziehen«, »über den Boden wuchten« bedeutet, wird es regelmäßig gebeugt:

> Er schleifte die betrunkene Braut ins Bett.
> Der Mörder hatte die Leiche ans Ufer geschleift.
> Die Frau wurde vom Auto mitgeschleift.

Es gibt »schleifen« sogar noch in einer dritten Bedeutung: als »dem Erdboden gleichmachen«. So wurden früher nach siegreichen Angriffen die Burgwälle, Türme und Stadtmauern des Feindes abgetragen und eingeebnet, um ihn dauerhaft schutzlos zu machen. Dieses »Schleifen« wird ebenfalls regelmäßig gebildet:

> Man schleifte die Mauern.
> Die Befestigung wurde geschleift.

Doch zurück zum Schauplatz des Verbrechens: Wenngleich die Frau nicht einer Mauer gleich bis auf die Grundfesten niedergerissen wurde, so wurde sie doch geschleift – über den Boden nämlich – und nicht »geschliffen«. Wäre sie tatsächlich »geschliffen« worden, dann müsste der Parkplatz ein Exerziergelände sein. In der Armee werden Soldaten »geschliffen« – was sie jedoch nicht zwangsläufig zu Brillanten werden lässt.

Auf der Flucht der Räuber könnte sich folgendes Paradoxon ergeben haben: Angenommen, das Auto raste durch einen Haufen Glasscherben, dann wurden diese Scherben dabei sowohl geschliffen als auch geschleift; einerseits vom Gummi der Reifen abgeschmirgelt, andererseits an den Reifen haftend über den Boden bewegt.

Die Verwechslung in oben zitiertem Artikel dürfte allerdings nur die wenigsten erstaunen, denn dem Boulevardjournalismus geht es bekanntermaßen nicht um eine geschliffene Sprache, sondern um die Sensation. Die Sprache wird dabei als notwendiges Übel mitgeschleift.

Weiteres zu regelmäßigen und unregelmäßigen Verbformen:

»Cäsars Kampf gegen die starken Verbier« (»Dativ«-Band 1)
»Die Sauna ist angeschalten!« (»Dativ«-Band 2)
»Heute schon gegronsen?« (»Dativ«-Band 4)
»Als die Flamme verlöschte« (»Dativ«-Band 4)

Lingua cosmetica

Anti-Aging-Cremes, exfoliierende Lotionen, hydratisierende Emulsionen: Was uns die Kosmetikindustrie verkauft, riecht gut, klingt toll und ist irre teuer. Dabei verbirgt sich unter den schillernden Etiketten oft nur eine ganz gewöhnliche Plastikflasche. Mit den exotisch klingenden Wörtern ist es genauso.

Mein Freund Henry wohnt für ein paar Tage bei mir, weil in seiner Wohnung gerade das Parkett abgeschliffen wird. Als er sich in meinem Badezimmer umsieht, stellt er kopfschüttelnd fest: »Was du hier so alles herumstehen hast!« – »Wieso?«, frage ich. »Was gibt es daran auszusetzen?« – »Drei Viertel der Fläschchen und Tuben kannst du in den Müll werfen«, behauptet Henry. Da muss ich energisch widersprechen: »Das sind alles Dinge, die ich ganz unbedingt brauche!« Und mit Nachdruck füge ich hinzu: »Nichts davon ist überflüssig!« – »Alles Quatsch!«, urteilt Henry. »Ein Mann braucht nicht mehr als ein Stück Seife, etwas Shampoo und Rasiercreme. Aber bestimmt nicht so etwas!« Er greift nach einer Tube und liest mit übertriebener Betonung vor: »Anti-Aging-Creme«. Ich zeige keine Reaktion. Henry fragt besorgt: »Seit wann bist du ein Anti-Typ? Sonst bist du doch immer für alles: für soziale Gerechtigkeit, für die Umwelt, für weniger RTL und für mehr Arte – und nun plötzlich total anti: Anti-Aging, Anti-Falten, Anti-Spliss. Dein Badezimmer ist die reinste Protestkundgebung!«

Einen kurzen Moment denke ich darüber nach, warum es eigentlich *Pro*test heißt, wenn doch der meiste Protest gegen etwas gerichtet ist, also eigentlich ein *Anti*test sein müsste. »Ich habe auch Pro-Cremes!«, fällt mir dann ein. »Diese hier zum Beispiel hat einen Pro-Youthing-Effect!« Henry schnaubt verächtlich: »Pro-Youthing-Effect – es sollte mich nicht wundern, wenn der einzige sichtbare Verjüngungseffekt darin besteht, dass man plötzlich wieder überall Pickel bekommt!«

Das wird natürlich nicht eintreten, denn auf dem Cremetöpfchen steht deutlich: »Hautverträglich! Dermatologisch getestet.« Das ist einerseits beruhigend, andererseits auch irgendwie absurd, denn Hautverträglichkeit sollte bei einer Hautcreme selbstverständlich sein. Stellen Sie sich vor, die Lebensmittelindustrie würde auf alle Produkte »essbar« oder »Magen-Darm-verträglich« schreiben. Oder man würde Zeitungen und Magazine mit dem Hinweis versehen: »Geistesverträglich! In Labors getestet!«

Im nächsten Moment hat Henry etwas mit der Aufschrift »Face Redefiner« entdeckt und bricht in Gelächter aus: »Dies kannst du allerdings wirklich brauchen: eine neue Definition deines Gesichts!« So etwas muss ich mir nicht gefallen lassen. Schon gar nicht von einem Mann, der nicht einmal den Unterschied zwischen einem Balm (sprich: »Bahm«) und einer Lotion (sprich: »Lohschn«) kennt. Sehr viel besser als Henry kenne ich mich in der Sprache der Kosmetik allerdings auch nicht aus.

Die Lingua cosmetica ist geheimnisvoll, sie ist ein die Sinne betörendes Gemisch aus Englisch, Französisch, Deutsch und Latein. Während Englisch gerne überdosiert wird, sind bestimmte deutsche Wörter absolut tabu; vor allem, wenn sie das beschreiben, was man nicht sein will. »Älter« zum Beispiel, »zerknittert«, »verquollen«, »kahl« – kurzum alles, was den durchschnittlichen Mann über 40 an einem gewöhnlichen Montagmorgen ausmacht.

Stattdessen spricht die Kosmetik von »Age« und »Aging«, von »regenerationsbedürftiger Haut« und von »beanspruchtem Haar«. Und sie verspricht, die Verschleißspuren verschwinden zu lassen, wobei freilich nicht von einer »Gesichtserneuerung« oder von »Wiederbelebung der Haare« die Rede ist, sondern von »Recharge«, »Redefine« und »Repair«. Stumpfes Haar, brüchige Nägel und ausgelaugte Haut werden »repaired«. Niemals repariert. Schließlich sind es keine kaputten Geräte. »Haar-Reparatur« – das klingt zu sehr nach Werkstatt und Maschinenöl. »Hair Repair« hingegen klingt nach lebendiger Beauty und wohliger Wellness. Und nach Ceramiden! Wer wollte auf die heute noch verzichten? Auch wenn keiner genau weiß, was Ceramide sind, aber seien wir ehrlich: Das wollen wir auch gar nicht wissen! »Ceramide« klingen gut, und darum schmieren wir sie uns ins Haar.

Schon in meiner Jugendzeit, als Werbung noch Reklame genannt wurde, war ich fasziniert, wenn im Fernsehen von »Lipiden« und »Liposomen« die Rede war. Das klang immer nach ganz großer Welt. Nach Schönheitspflege, wie wir sie in unserem Dorf nie zu spüren bekommen würden; es sei denn, wir verkauften Haus und Hof und führen nach London oder Paris und ließen uns dort zwei Wochen lang in einem exklusiven Salon mit Lipiden behandeln. Die wundersamen Lipide kommen übrigens aus dem Griechischen, von »lípos«, was nichts anderes bedeutet als »Fett«. Das Wort »Fett« kann man aber kaum auf eine 80-Euro-Tube schreiben. Jeder zweite Kunde würde denken: »Fett? Davon habe ich genug! Das brauche ich nicht auch noch aus der Tube!« Also schreibt der Kosmetikhersteller »Lipide«, denn das ist etwas völlig anderes. Von Lipiden kann der Mensch gar nicht genug bekommen!

Auch viele andere Wörter der Kosmetik geben dem Verbraucher Rätsel auf: Könnten Sie erklären, was ein »reversives Anti-Aging-Treatment« ist? Wozu pflanzliches Omega 3 und reines Thermalplankton gut sein sollen? Und was es mit der Hydra-Zink-Formel auf sich hat? Handelt es sich bei dem »Multi Recharge Energie Set« wirklich um eine Pflegeserie oder doch eher um ein Aufladegerät für Akkus? Sollte der Hinweis auf »die höchste Konzentration des Amino-Peptid-Komplexes« nicht die Umweltschutzbehörde alarmieren?

Wenn mir eine Kosmetikserie verspricht, sie wirke »fältchenmindernd und konturstraffend«, ja sogar »revitalisierend durch biodynamische Interfusion«, dann weiß ich als care-affiner Kunde sogleich: Das *muss* ich haben! Bei so viel Fremdwort-Beigabe kann dieses Produkt doch unmöglich versagen! Schon beim schieren Nachsprechen der Worte »revitalisierend durch biodynamische Interfusion« strafft sich mir die Haut: Der »Lift«-Effekt ist sofort spürbar.

»Die Sprache der Kosmetik passt sich auf wunderbar geschmeidige Weise dem Produkt an«, sinniere ich laut, während Henry kritisch an meiner Aftershave-Sammlung schnuppert, »sie ist glänzend wie eine Feuchtigkeitscreme, schäumend wie ein Pflegeshampoo, vernebelnd wie ein Deo-Spray – und verwirrend wie ein überteuertes Parfum.« Henry nickt und ergänzt: »Und dabei auch genauso substanzlos!«

Werbung mit Spliss

Falsche Endungen, holprige Rechtschreibung, überflüssige Apostrophe: Sprachliche Unsicherheiten und Fehler sind menschlich. Im Alltag sind sie daher verzeihlich. In der Werbung hingegen sind sie nichts anderes als ein Zeichen mangelnder Professionalität.

Beim näheren Betrachten einer Shampoo-Flasche der Marke »Pantene Pro-V« entdeckte ich den Hinweis »Für zu Schuppen neigendem Haar«. Das machte mich stutzig, zumal es sich um eine äußerst gewagte Konstruktion mit zwei aufeinanderfolgenden Präpositionen handelte. Von solchen grammatischen Kapriolen sind viele Menschen überfordert. So offenbar auch die Werbetexter von Pantene Pro-V, die sich prompt vom Dativ in die Irre führen ließen. Richtig hätte es heißen müssen: »Für zu Schuppen neigendes Haar«, denn die Präposition »für« erfordert den Akkusativ, egal ob ein Shampoo »für seidiges Haar«, »für strapaziertes Haar« oder »für von Spliss geplagtes Haar« ist. Der Grammatikfehler auf der Shampoo-Flasche symbolisiert den Spliss unserer Werbekultur. Ganz zu schweigen von der Tatsache, dass nicht das Haar zu Schuppen neigt, sondern allenfalls die Kopfhaut.

In der Werbung wird sehr viel Wert auf Gestaltung gelegt, aber immer weniger Wert auf sprachliche Genauigkeit. Dabei ist die Sprache ein wichtiges Werkzeug der Werber, und in der Beherrschung seiner Werkzeuge spiegelt sich die Professionalität eines Menschen.

Dass Rechtschreibkenntnisse in der Werbung heute alles andere als selbstverständlich sind, beweist auch die jüngste Kampagne für »Axe«, die einen Effekt »FÜR'S HAAR« verspricht und dabei einen Apostroph verwendet, der schon seit Langem als falsch gilt. Vielen dürfte neu sein, dass man sich Axe jetzt auch in die Haare schmieren kann. Für die Werbetexter von Axe schien hingegen nicht bekannt zu sein, dass man bei Verschmelzungen der Präpositionen »in«, »an«, »auf« und »für« mit verkürztem »das« keinen Apostroph benötigt: Die Schreibweisen »ins«, »ans«, »aufs« und »fürs« sind schon seit hundert Jahren Standard. Dass man den Apostroph dort trotzdem immer wieder antrifft, liegt nicht an irgendeinem Reformchaos, sondern an mangelnder Sachkenntnis der Texter. Ein Blick in den Duden oder auf Wikipedia hätte genügt, um diesen Fehler zu vermeiden. Nun kann man vielleicht sagen: Das ist doch Pillepalle, das Häkchen ist völlig unerheblich, es macht die Werbebotschaft ja nicht unverständlich. Aber hier geht es nicht »um's« Schönreden, sondern *ums* Prinzip: Bei Werbekampagnen steht in der Regel viel Geld auf dem Spiel. Der falsche »EFFEKT FÜR'S HAAR« war deutschlandweit über viele Wochen auf den teuersten Werbeflächen plakatiert. Den Hersteller dürfte das ein Vermögen gekostet haben. Da kann man professionelle Arbeit erwarten. Wenn ein Arzt ein Medikament verschreibt, erwarten wir doch auch, dass er genau weiß, was dieses bewirkt, und nicht nur ungefähr. Von jedem Handwerker verlangen wir absolute Sorgfalt beim Ausführen einer Reparatur, andernfalls bezahlen wir nicht. Von jedem Obsthändler erwarten wir kontrollierte Ware, sonst kaufen wir woanders. Genauso sollte man von einem Werbetexter erwarten können, dass er seine Wortwahl kontrolliert. Nur Amateure verlassen sich aufs Rechtschreibprogramm. Profis überprüfen selbst!

Geradezu ironisch erscheint der Umstand, dass das »Axe«-Plakatmotiv ohne den falschen Apostroph auch in grafischer Hinsicht besser ausgesehen hätte, zumal in der zweiten Zeile dann zwei Wörter gleicher Zeichenlänge gestanden hätten: »FÜRS HAAR« ist optisch ausgewogener und hätte dem Plakat mehr Ästhetik verliehen als die von einem Häkchen durchbohrte Version.

Auf einer anderen Shampoo-Flasche von Pantene Pro-V (diesmal »Color Protect & Volumen«) fragt mich der Hersteller: »SIE HABEN: Coloriertes oder gesträhntes Haar, das geschädigt ist UND ohne Volumen? SIE MÖCHTEN: Coloriertes oder gesträhntes Haar, das geschädigt UND ohne Volumen ist?« Die Antwort lautet selbstverständlich »Nein«, und so stelle ich die Flasche seufzend zurück ins Regal. Mit Professionalität hat Pro-V nur die ersten drei Buchstaben gemeinsam. Der Rest ist die Absurdität in Flaschen.

Vielleicht ist die Zeit reif für ein wirksames Pflegemittel »für zu Fehlern neigendes Deutsch«? Damit müsste man in diesem Land Millionen verdienen können!

Die unendliche Ausdehnung der Gegenwart

»Diebe räumen Villa aus«, »Ehemann erschlägt Frau im Schlaf«, »Papst dankt ab« – was immer in der Welt passiert, wir erfahren es, als geschähe es in ebendiesem Moment. Zeitungssprache verkündet die Gegenwart – dabei berichtet sie bestenfalls vom Gestern.

Wenn im Schulunterricht die Zeiten durchgenommen werden, lernt man, dass es mehrere Formen der Vergangenheit und der Zukunft gibt. Die heißen Präteritum, Perfekt, Plusquamperfekt, Futur I und Futur II. Jede dieser Zeiten hat ihre eigene Aufgabe. Sie kommen gut miteinander aus, es gibt nichts, was sie zu befürchten hätten – außer der Gegenwart (fachsprachlich: Präsens). Denn so, wie unser Universum sich immer weiter ausdehnt, dehnt sich auch die Gegenwart aus und drängt Zukunft und Vergangenheit unerbittlich an den Rand.

In der Alltagssprache erfüllt das Präsens nicht allein die Aufgabe, das Jetzt zu beschreiben; es dient auch dazu, die nahe Zukunft auszumalen: So sagt man beispielsweise »Das passiert mir nicht noch mal« statt »Das wird mir nicht noch mal passieren«, »Wann kommst du wieder« statt »Wann wirst du wiederkommen« und »Die Schrothmänner gehen nach Kanada« statt »Horst und Rita Schrothmann tragen sich mit der Absicht, nach Kanada auszuwandern«.

Niemand nimmt daran Anstoß, selten kommt es hierbei zu Missverständnissen. Das Präsens ist zugegebenermaßen praktischer – zumal schneller. Stellen Sie sich vor, Sie geraten so richtig in Rage, der Ausruf »Ich platze gleich!« liegt Ihnen bereits auf der Zunge – würden Sie sich im letzten

Moment umentscheiden zu einem »Ich werde gleich platzen!«?

Das berühmte »Sie hören von uns«, das vielen Schauspielern nach einem Vorsprechen versprochen wird, verweist auf die Zukunft. Wer nun findet, dass es streng genommen »Sie werden von uns hören« heißen müsse, dem sei entgegnet, dass »Sie hören von uns« eigentlich etwas anderes bedeutet, nämlich: »Sie werden nie wieder von uns hören! Der Nächste, bitte!« Insofern ist das Präsens in »Sie hören von uns« sogar sehr treffend gewählt, denn tatsächlich hört der Angesprochene im Moment des Angesprochenwerdens etwas: nämlich dass er sich keine Hoffnungen auf die Rolle zu machen braucht.

In der Literatur hat das Präsens als Erzähltempus eine lange Tradition. Schon Gaius Julius Cäsar fasste seinen Bericht vom Gallischen Krieg vorzugsweise im Präsens ab, vor allem dann, wenn er große Eile, entschlossenes Handeln und sich überstürzende Ereignisse zum Ausdruck bringen wollte. Das »Praesens historicum« (historisches Präsens) verlieh seinem Erzählstil dramatische Würze; weshalb es auf Deutsch auch »dramatisches Präsens« genannt wird. Cäsars Zeiten sind lange vorbei, doch diese eine Zeit ist geblieben und erfreut sich noch heute großer Beliebtheit.

So wird das dramatische Präsens auch in der Gegenwartsliteratur gern verwendet. (Es wäre ja auch geradezu paradox, wenn Gegenwartsliteratur ohne Gegenwart auskäme.) Besonders begehrt ist das dramatische Präsens bei Journalisten. Sie setzen diese Zeitform als ultimative Waffe im Kampf gegen den Verfall ein. Schließlich weiß ein jeder: Was immer in der Zeitung steht, ist Schnee von gestern – wenn es nicht noch älter ist. Seit jeher kämpft der Zeitungsjournalismus

gegen die begrenzte Haltbarkeit des Neuigkeitswertes. Kein leichtes Unterfangen! Ganz zu schweigen von dem Druck, stets und überall präsent zu sein. So injiziert man den Nachrichten Präsens, um sie länger frisch zu halten. Präsens ist das Botox der Journalistensprache.

Schlagzeilen wie »73-Jähriger erschießt seine Frau und anschließend sich selbst« oder »Lebensmüder springt von Aussichtsplattform« oder »Polizei nimmt Verdächtigen fest« begegnen uns fast täglich in der Presse. (Seltener auch mal »73-Jähriger erschießt sich und anschließend seine Frau« oder »Polizei nimmt Selbstmörder fest«.) Durch die Verwendung des Präsens wirken die Meldungen packender, reißerischer – und »zeitnäher«. Seriösere Zeitungen sind bemüht, mit dem Präsens nicht allzu verschwenderisch umzugehen. Bei anderen Zeitungen scheint das Präsens die einzige existierende Zeitform zu sein. In der »Bild«-Zeitung werden ganze Artikel im Präsens verfasst. Ein Beispiel vom 8.3.2010: »Den zweiten Täter im roten Pullover kann Roman H. zu Boden reißen. Er nimmt den maskierten Mann in den Schwitzkasten, drückt ihn zu Boden! Der Gangster lässt seinen Revolver und eine Geldtüte fallen. Der Sicherheitsmann später zu BILD: ›Der hat kein Wort gesagt. Als zivilisierter Mitteleuropäer dreht man solchen Leuten nicht gleich den Hals um – also versuchte ich, ihn zu fixieren.‹ Während der Sicherheitsmann den Gangster festhält, schnappt sich Hotelpage Freddy (19) die Tasche der Gangster. Darin offenbar mehr als 500 000 Euro – der Großteil der Beute!«

Im Unterschied zur »Bild«-Zeitung weiß der zitierte Wachmann noch das Perfekt und das Präteritum zu verwenden. Der Bericht springt zwischen zwei unterschiedlichen Zeitebenen hin und her: der Beschreibung des Tathergangs und der späteren Aussage des Wachmannes. Beide Ereignisse werden von der »Bild«-Zeitung in ein und denselben Präsenstopf geschüttet und vermengt. Ungeachtet der starken Strapazierung des Präsens muss man schon dankbar sein, in diesem kurzatmigen Stakkato-Stil überhaupt noch ab und zu ein Prädikat zu finden. Nach der Lektüre der »Bild«-Zeitung habe ich jedes Mal erhöhten Puls und leichte Angstzustände. Die Wucht und Unmittelbarkeit, mit der all die Gewalt und das Böse dieser Welt über mich hereinbrechen, sind nichts für meine schwachen Nerven. So viel Präsens verkrafte ich nicht.

Präsens kann erregen, erschöpfen, und manchmal kann es einen auch hinters Licht führen. So las ich unlängst im Kulturteil einer Hamburger Zeitung »Thomas Quasthoff singt Jazz in der Laeiszhalle« und freute mich schon; verhieß die Überschrift doch die Aussicht auf einen erlesenen Musikabend. Zwei Zeilen weiter begriff ich, dass es eigentlich hätte heißen müssen »Thomas Quasthoff sang«, denn das Konzert hatte bereits stattgefunden; der Bericht war keine Ankündigung, sondern eine Nachlese. »Musikliebhaber freut sich auf verpasstes Konzert wegen irreführender Tempuswahl« kritzelte ich enttäuscht in mein Notizbuch.

Wer im Internet nach Angaben zu einem Treffen zwischen Angela Merkel und Barack Obama sucht, findet unter anderem den Hinweis »Merkel trifft Obama beim Nukleargipfel in Washington«. Damit weiß er allerdings nicht, ob dieses Treffen bereits stattgefunden hat oder erst noch stattfinden wird, denn diese Zeile lässt sich in beide Richtungen deuten: als »Merkel traf Obama« oder als »Merkel wird Obama treffen«. Das hier verwendete Präsens kann sowohl für die Vergangenheit stehen als auch auf die Zukunft hinweisen. Nur eine Zeit lässt sich von der hier verwendeten Gegenwartsform mit ziemlicher Sicherheit ausschließen: die Gegenwart.

Weiteres zum Gebrauch der Zeiten:

»Das Ultra-Perfekt« (»Dativ«-Band 1)
»Das Imperfekt der Höflichkeit« (»Dativ«-Band 2)
»Was gewesen war« (in diesem Buch auf S. 208)

Von Läuchen, Milchen und Sänden

Wie man Fisch, Wein und Brot vermehren kann, steht in der Bibel. Doch wie ist es mit Lauch, Milch und Sand? Dieses Kapitel gibt pluriforme Antworten auf singuläre Fragen und zeigt, wie man es fertigbringt, das Unzählbare zählbar zu machen.

Am Wochenende war mein Freund Henry bei seinen Eltern auf dem Land und kehrte wie üblich mit einem Kofferraum voller Gemüse zurück, das er bei mir loszuwerden hoffte. »Ich nehme die Hälfte der Kartoffeln, einen Kohlkopf und die Möhren, aber mehr nicht«, stellte ich klar. Damit wollte sich Henry aber nicht zufriedengeben. Er griff zwei Porreestangen aus dem Korb, schwenkte sie wie ein Cheerleader vor seiner Brust und rief: »So nimm denn auch – den leck'ren Lauch!« Ich überlegte kurz und sagte: »Den gebe ich meiner Nachbarin!« – »Mit dem größten Vergnügen«, erwiderte Henry, »Hauptsache, ich bin das Zeug los!« Also packte ich den Porree in eine Tüte und hängte diese, da meine Nachbarin auf mein Klingeln nicht öffnete, an ihre Tür. Anderntags fand ich eine handschriftliche Notiz in meinem Briefkasten: »Vielen Dank für die Läuche!« Als ich Henry den Zettel zeigte, dichtete er spontan: »Was der Feuerwehr die Schläuche, sind deiner Nachbarin die Läuche!« Ich zuckte die Schultern: »Vielleicht wusste sie auch einfach nicht, wie man *Porree* schreibt!«

Von Erlebnissen dieser Art weiß fast jeder zu berichten. Denn jeder war schon mal auf der Suche nach der richtigen Mehrzahlform eines Wortes oder ist über eine besonders seltsame Variante gestolpert. Fakt ist: Eine ins sprachliche Unkraut geschossene Pluralbildung wie »Läuche« ist keine singuläre Erscheinung. Der Aufklärungsbedarf in Pluralfragen ist immens. Wie die Umfrage eines Fernsehteams ergab, das im Auftrag des ZDF unterwegs war, wissen viele Deutsche nicht einmal, was das Wort »Plural« überhaupt bedeutet. Kein Wunder also, dass die Mehrzahl uns immer wieder in Verlegenheit bringt.

Am Abend schrieb ich meiner Nachbarin ein Gedicht:

Ein gesunder runder Bauch
Freut sich über frischen Lauch
Viele runde Bäuche
Freu'n sich über ...
Lauch auch.

In der Schule hat man uns beigebracht, dass es Wörter gibt, die keine Pluralform besitzen, weil sie unzählbar sind, zum Beispiel Honig, Milch und Sand. Das leuchtete mir ein; denn wer zählt schon Sand? Bis ich kürzlich die E-Mail eines fast verzweifelten Lesers aus Rheinland-Pfalz erhielt. »Lieber Herr Sick! Meine Frau sammelt Sand! Von jedem Strand, an dem wir Urlaub machen, bringt sie eine Handvoll mit nach Hause und füllt es in ein Marmeladenglas. Sie hat bereits mehr als 50 verschiedene Sandgläser in unserer Wohnung verteilt. Wir streiten uns immer wieder über die Mehrzahl von Sand. Meine Frau sagt gern, sie sammele ›Sände‹. Ich behaupte, von Sand gibt es keine Mehrzahl. Sie sagt, sie habe bei Ihnen gelesen, dass es selbst von Wasser eine Mehrzahl gebe, daher müsse es auch Sände geben. Jetzt frage ich Sie: Hat meine Frau womöglich Recht?«

50 Reisen an 50 Urlaubsstrände haben offenbar noch nicht genügt, um den Mann zu der Einsicht gelangen zu lassen,

die jeden Ehemann früher oder später ereilt: Die Frau hat immer Recht!

In diesem Fall hat sie allerdings nur zum Teil Recht. »Sand« ist wider Erwarten zwar zählbar, aber die zulässige Mehrzahlform lautet »Sande«; die umgelautete Form »Sände« steht in keinem Wörterbuch.

Ich schrieb dem Leser zurück, die Frage sei es nicht wert, dass er sich ihretwegen mit seiner Frau streite. Bedeutender sei die Gefahr, dass die Ehe irgendwann unter all den Marmeladengläsern versande. Er solle seine Frau beizeiten überreden, den Inhalt der Gläser in den Garten zu schütten, vielleicht ließe sich daraus eine Art Hausstrand anlegen, auf dem sie sich von ihren zahlreichen Reisen erholen könnten.

Ein paar Tage später schrieb er zurück: »Lieber Herr Sick, ich habe Ihren Rat befolgt und meiner Frau gesagt, sie solle den Sand in den Garten kippen. Da fragte sie: ›Welchen Sand meinst du? Den von Mallorca oder den von Sylt oder den von Kreta?‹ Da wusste ich mir keinen anderen Ausweg und rief: ›Alle Sände!‹ Sie hätten den Triumph im Blick meiner Frau sehen sollen! Damit hat sich meine Frage erledigt. Trotzdem meinen besten Dank!« Und als PS stand noch: »Wie Sie sich selbst schon denken werden, hat meine Frau natürlich nicht ein einziges Sandglas geleert. Stattdessen haben wir jetzt zwei Wochen Tunesien gebucht!«

Inzwischen weiß ich, dass vieles von dem, was zu meinen Schulzeiten als unzählbar galt, von einigen doch gezählt wird. So produziert die Lebensmittelindustrie am laufenden Band nicht nur stille und sprudelnde »Wässer«, sondern auch flüssige und streichfeste »Honige«. Und die Kosmetikindustrie lässt keinen Zweifel daran, dass es »Körpermilch«

nicht nur im Singular gibt. Sie ist sich nur nicht einig, ob es »Milche« oder »Milchen« heißt. Der Duden lässt zur Sicherheit beide Formen zu. Und seit sich die Computerindustrie für sogenannte Seltene Erden interessiert, ist nicht einmal der Erde ihre Einzigartigkeit geblieben.

So schafft sich die Wirtschaft – je nach Bedarf – ihre eigenen Mehrzahlformen. Und der Bedarf ist offenbar groß, weshalb Manager auch gerne von »Bedarfen« sprechen und selbst den Zuwachs noch in die Mehrzahl setzen und zu »Zuwächsen« wachsen lassen. Über solche Auswüchse mag man denken, wie man will. Immerhin zeigt es, dass die deutsche Sprache alles andere als starr und anpassungsunfähig ist. Deutschland ist zwar nicht das gepriesene Land, in dem Milch und Honig fließen. Aber dafür ist Deutsch die Sprache, in der Milche und Honige fließen können!

Mehr zu sonderbaren Mehrzahlformen:

»Visas – die Mehrzahl gönn ich mir« (»Dativ«-Band 1)
»Das Paarungsverhalten der Uhue« (»Dativ«-Band 4)
»Stille Wässer sind tief« (»Dativ«-Band 4)
und auf den folgenden Seiten dieses Buches

Von Autokorsen, Torwärtern und fiesen Möppen

In diesem Kapitel begegnen wir märchenhaften Fußballelfen und sagenumwobenen Eiländern. Außerdem treffen wir auf ganz alltägliche Dinge wie Wischmopp, Auspuff und Couch – allerdings in der Mehrzahl. Machen Sie sich auf ein ordentliches Chaos gefasst, am besten gleich auf mehrere Chaoti!

Eine verblüffende Studie hat ergeben, dass Männer sich eher für Fußball interessieren als für Wörter. Nicht umsonst heißt es: Ein Mann, ein Wort. Ein Tor, ein Wart. Aber jedes Spielfeld hat zwei Tore, folglich auch zwei Torw… – nein, Torwärter sind es nicht, auch wenn die Versuchung naheliegt. Die Mehrzahl lautet Torwarte. Das Wort »Torwärter« gibt es gleichwohl, es bedeutet aber dasselbe wie Torwächter. Ein Torwächter ist wiederum nicht das Gleiche wie ein Torhüter, denn der ist bereits dasselbe wie der Torwart. Wie schon eine alte Erkenntnis besagt: Es hüte sich vor Torесschluss der Torhüter vorm Toresschuss!

Und ist das Spiel erst gewonnen, dann ist der Jubel groß! Dann gibt's einen Autokorso oder mehr, ja, am besten ganz viele Autokorsos bis tief in die Nacht. »Wenn schon, dann Autokorsi«, mag vielleicht der eine oder andere denken, »schließlich kommt das aus dem Italienischen, so wie Espresso und Cappuccino. Und die werden in der Mehrzahl doch auch zu Espressi und Cappuccini!« Das stimmt vielleicht, zumindest für die Italiener; im Deutschen wird die Mehrzahl gerne anders gebildet. Da werden Espressi zu Espressos (was erlaubt ist) und Scampi zu Scampis (was falsch ist, da Scampi bereits die Mehrzahlform ist). Mag sein, dass »corso« im Italienischen zu »corsi« wird, unser eingedeutschter »Korso« bekommt einfach nur ein »-s« angehängt: ein Korso, zwei Korsos – das war's. Keine Autokorsi und auch keine Autokorsa. Eher ließe ich mir noch einen deutschen Plural auf »-en« gefallen: Autokorsen. Das klingt doch schön!

Eine Fußballmannschaft wird gerne als Elf bezeichnet, weil sie nun mal aus elf Spielern besteht, Reservebank und Rotkartenausfälle nicht mitgerechnet. Sportberichterstatter lieben dieses Ersatzwort für »Mannschaft« und sprechen gern von »der Elf«, allerdings immer nur von einer Elf, nie von zweien, obwohl ein Spiel doch aus zweimal elf Spielern besteht. Aber ich habe noch nie den Satz gehört: »In diesem Spiel haben die beiden Elfen wirklich alles gegeben.« Vielleicht, weil es zu sehr nach einem Märchen klingt.

Nicht nur Elfen und Korsen bringen den europäischen Fußball ins Rollen. Da gibt es auch noch andere Völker, zum Beispiel die Holländer. Oder auch die Niederländer. Mein Freund Edgar ist Niederländer; er kann sich nur schwer daran gewöhnen, dass wir Deutschen von seinem Land stets im Plural sprechen. Viele seiner Sätze begannen mit »Bei uns in Niederland ...« Ich verbesserte ihn: »Im Deutschen heißt es die Niederlande!« Irgendwann hatte er es dann halbwegs begriffen, denn nun sagte er: »Bei uns in die Niederlande ...«

Man spricht von »den Niederlanden«, weil es sich um mehrere Länder handelt. Holland ist übrigens eines davon. Holland ist ein Niederland. Maximal zwei Niederlande, wenn man die Provinzunterteilung in Nordholland und Südholland berücksichtigt. Aber die anderen Niederlande (wie Limburg, Friesland oder Gelderland) sind nicht Holland. Das wird uns Deutsche allerdings nicht davon abhalten, weiterhin Holland mit den gesamten Niederlanden gleichzusetzen, so wie wir für die Franzosen immer die Alemannen sein werden und für die Finnen die Sachsen. Pars pro toto, sagt man wohl dazu, oder, wie meine Freundin Sibylle sagen würde: Pizza proschuto.

Wenn man aus den Niederlanden stammt, ist es schwer einzusehen, warum es dann nicht auch Ostlande oder Südlande gibt, sondern nur Ostländer und Südländer. Und warum die Mehrzahl von »Bundesland« nicht »Bundeslande« heißt, sondern »Bundesländer«. Tatsächlich haben sich zu dem Wort »Land« zwei Mehrzahlformen entwickelt, »Lande« ist die ältere, »Länder« die jüngere. »Lande« findet sich daher nur noch in historisch geprägten Begriffen wie »in teutschen Landen«. Neuere Zusammensetzungen werden mit Ländern und nicht mit Landen gebildet.

Ein schönes altes Wort für »Insel« ist »Eiland«. Die Mehrzahl lautet »Eilande«. Kolumbus hat also keine Eiländer entdeckt, auch wenn er das Ei erfunden und viele Länder entdeckt haben mag. Die Wörterbücher haben »Eiland« mit dem Zusatz »poetisch« (Wahrig), »literarisch« (Pons) oder »gehoben« (Duden) versehen. In Analogie zu »Niederlande/Niederländer« müssten die Bewohner eines Eilandes eigentlich »Eiländer« genannt werden. Doch bei Eiländern stößt die gehobene literarische Poesie offenbar an ihre Grenzen, denn das Wort taucht in keinem Wörterbuch auf. Meine französische Freundin Suzanne schwört allerdings, das Wort »Eiländer« zu kennen: »Kennst du nischt diesen Film mit Christopher Lambert: 'ighlandär – Es kann nur einen geben?«

Und dann gibt es da noch ein Land, von dem sich weder die eine noch die andere Mehrzahl bilden lässt, nämlich das Land als Gegensatz zur Stadt. Mein Onkel lebt auf dem Land; sein Nachbar übrigens auch, das mögen Sie vielleicht nicht einmal erstaunlich finden. Beide wohnen aber nicht auf demselben Land, auch wenn sie zweifellos in demselben Land leben. Sie leben auf dem Land, aber nicht auf demselben, jeder eben auf seinem, was aber nicht verschiedene Lande sind, auch nicht verschiedene Länder, sondern bestenfalls verschiedene Ländereien. Bei der Erklärung dieses Pluralphänomens ist nicht nur Holland in Not, sondern für uns alle sprachlich schnell Land unter!

Bei »Land unter« muss ich an einen Schulfreund denken, der mal bei einer Landpartie mit seinem Motorrad ins Rutschen geraten und in einer Schlammgrube gelandet ist. »Beide Auspüffe sind im Eimer!«, schimpfte er. Als ich vorsichtig andeutete, dass »Auspuff« im Plural nicht umgelautet würde, erwiderte er achselzuckend: »Dann eben beide Auspuffs. Ausgewechselt werden müssen sie so oder so!«*

Meine Putzfrau schreibt mir immer auf kleine Zettel, welches Putzmittel wieder neu zu besorgen sei. Kürzlich stand auf einem solchen Zettel das Wort »Wischmopp«. Ich ahnte noch nicht, in welche Bedrängnis mich das bringen sollte! Wenige Tage später stand ich im Drogeriemarkt und blickte mich hilfesuchend um. Als ich endlich eine Verkäuferin ausmachte, eilte ich auf sie zu und fragte atemlos: »Entschuldigen Sie, wo finde ich ... Haben Sie ... Könnten Sie mir zeigen, wo Ihre Wischmoppe ... Wischmöpp... äh ...« Die Verkäuferin blickte mich verständnislos an: »Wie bitte?«

* Das Wort »Puff« gibt es in mehreren Ausführungen. Wenn ein Puff etwas Gepolstertes ist (z. B. ein Wäschepuff oder ein Sitzpuff), lautet die Mehrzahl »Puffe«. Wenn Puff für einen Stoß, einen Knuff oder Schubs steht, dann heißt die Mehrzahl »Püffe«. Wenn mit Puff ein Bordell gemeint ist, lautet die Mehrzahl »Puffs«. Und als Brettspiel kommt Puff ganz ohne Mehrzahl aus. Kein Wunder also, wenn man sich beim Wort »Auspuff« nicht auskennt. Weiteres zur Geschichte des Wortes »Puff« im »Dativ«-Band 2.

Ich winkte verlegen ab: »Vergessen Sie's, ich komme später noch mal wieder!« Auf dem Rückweg überlegte ich mir, welche Pluralform wohl die richtige sei: Wischmoppe? Wischmopse? Wischmöppe? Eines konnte ich immerhin ausschließen: Ganz bestimmt hieß es nicht Wischmöpse!

Der Blick ins Wörterbuch brachte Klarheit und zugleich Ernüchterung: Der Wischmopp kommt aus dem Englischen (»mop«), und die Mehrzahl lautet ganz einfach »Wischmopps«. Mag der Norddeutsche auch Köppe (= Köpfe) und Knöppe (= Knöpfe) zählen, in seinem Putzmittelschrank findet er keine Möppe. Das kann eher jemandem aus Nordrhein-Westfalen passieren, denn dort kennt man den »fiese Möpp« (eine regionale Bezeichnung für eine »unangenehme Person«). Und dort weiß man sicherlich auch: Ein »fiese Möpp« kommt selten allein! Dann sind es schon mal zwei … Möppe? Möppes? Möpper? Auf jeden Fall ganz schön fies, das alles!

Nach so viel anstrengenden Gedanken zum Plural haben wir uns ein Ruhepäuschen auf der Couch verdient, finden Sie nicht? Natürlich nicht auf derselben, sondern auf getrennten Couch… autsch! Das erinnert mich an einen Zwischenfall bei einem Auftritt in Hamburg. Ich stand auf der Bühne des St.-Pauli-Theaters und erzählte gerade etwas von unbequemen Fremdwörtern, da rief mir jemand aus dem Publikum zu: »Wie lautet die Mehrzahl von Couch?« Das war eine Frage, mit der ich mich bis zu jenem Zeitpunkt noch nicht befasst hatte, die aber durchaus ihre Berechtigung hat – und auf die es, wie so oft, mehr als eine Antwort gibt: Da es sich bei der Couch um ein Fremdwort handelt, wird die Mehrzahl ganz einfach durch Anhängen eines »s« gebildet: eine Couch, zwei Couchs. So empfiehlt es der Duden. Das Wort »Couchs« [kautschs] spricht sich allerdings weniger bequem, als man es von Polstermöbeln erwarten sollte. Wer keinen speichelfreien Mund hat, kann damit einen unerquicklichen Sprühregen verursachen. Ein anderes Wörterbuch, der Wahrig, schlägt daher die Pluralform »Couches« vor und empfiehlt dazu die englische Aussprache mit klingendem Endungs-»s«, also ungefähr »kautschisss«. Wem auch das nicht praktikabel erscheint, dem wird eine dritte Möglichkeit gewiesen. Die »Couch« hat zu lange in deutschen Wohnzimmern herumgestanden, um noch als exotisches Möbelstück fremdländischer Herkunft angesehen zu werden. Längst wird sie als deutsch empfunden, und entsprechend hat sie sich auch eine deutsche Mehrzahlendung verdient: Die Form »Couchen« ist daher ebenso zulässig wie »Couchs« oder »Couches«. Und jede Hausfrau weiß: Auf nagelneuen Couchen ist nicht gut Kissen-Knautschen!

Das alles aber habe ich erst später herausgefunden, lange nachdem mir im Theater die »Couch«-Mehrzahlfrage gestellt worden war. Seinerzeit musste ich mir eine andere Lösung einfallen lassen, um das Thema Couch von der Bühne zu bekommen. Und so riet ich dem Fragesteller: »Sagen Sie doch einfach Sofas!«

Weitere zweifelhafte Mehrzahlformen von »Ananässern« bis »Zirkeen« finden Sie in der Tabelle auf der folgenden Doppelseite.

Zweifelhafte Mehrzahlformen		
Einzahl	**korrekte Mehrzahl** (von führenden Wörterbüchern empfohlen oder als zulässig angegeben)	**Nebenformen** (nicht standardsprachlich, zum Teil aber scherzhaft gebräuchlich)
Ananas	Ananas, Ananasse	Ananässer
Auspuff	Auspuffe	Auspuffs, Auspüffe
Autokorso	Autokorsos	Autokorsi, Autokorsen, Autokorsa
Bedarf	wird normalerweise nicht im Plural gebraucht; im Wirtschaftsjargon ist jedoch die Form »Bedarfe« anzutreffen	
Chaos	es existiert keine Pluralform	Chaosse, Chaoti
Couch	Couchs, Couchen/schweiz. auch Couches	Couche
Denkmal	Denkmale, Denkmäler	Denkmäle
Eiland	Eilande	Eiländer
Flussbett	Flussbetten	Flussbette
Kaktus	Kakteen (in Österreich auch »Kaktusse«)	Kakti
Krokus	Krokus, Krokusse	Kroken, Krokeen, Kroki
Lapsus	Lapsus	Lapsusse, Lapsi
Lauch	Lauche	Läuche
Liegestütz	Liegestütze	Liegestützen, Liegestützer
Magier	Magier	Magiere
Milch	Milche (fachspr. wird die Form »Milchen« gebraucht)	
Morgen	Morgen	Morgende
Naturpark	Naturparks, seltener: -parke	Naturpärke
Nikolaus	Nikolausmänner	Nikoläuse

Zweifelhafte Mehrzahlformen		
Einzahl	**korrekte Mehrzahl** (von führenden Wörterbüchern empfohlen oder als zulässig angegeben)	**Nebenformen** (nicht standardsprachlich, zum Teil aber scherzhaft gebräuchlich)
Nut	Nuten	Nute, Nüte, Nuts
Pilger	Pilger	Pilgerer
Quiz	Quiz	Quizze, Quizzes
Sopran	Soprane	Sopräne, Sopranos
Strohhalm	Strohhalme	Strohhälme
Strommast	Strommaste, Strommasten	Strommäste
Sucht	Suchten, Süchte	Suchte
Teelicht	Teelichte, Teelichter	Teelichten
Wasser	Wasser (»mit allen Wassern gewaschen sein«)/fachspr. auch Wässer (verschiedene Mineralwässer/Abwässer)	
Weltkultur-erbe	kein Plural (das sächliche Wort »Erbe« im Sinne von »Hinterlassenschaft« ist ohne Plural, das männliche Wort »Erbe« im Sinne von Begünstigter hat den Plural »Erben«)	Weltkulturerben
Wischmopp (alte Recht-schreibung: Wischmop)	Wischmopps (alte Rechtschreibung: Wisch-mops)	Wischmoppe, Wischmöppe, Wischmöpper, Wischmopse, Wischmöpse
Zirkus	Zirkusse	Zirkeen, Zirki
Zuwachs	eigentlich ohne Plural; im Wirtschaftsjargon wird je-doch die Form »Zuwächse« gebraucht	

Muss eine Reihe von Ministern müssen?

Wer hat mehr Macht, wenn eine Menge Politiker im Spiel sind: die Politiker oder die Menge? Wer wird sich durchsetzen, wenn es um die Mehrheit der Arbeiter geht: die Arbeiter oder die Mehrheit? Hier wird eine Reihe Fragen gestellt. Und es werden eine Menge Antworten gesucht.

Manchmal ist es ein großer Haufen Fragen, manchmal nur eine kleine Zahl von Ungereimtheiten, die uns in die Bredouille bringt. Oder bringen. Schon stecken wir wieder drin und fragen uns: Was ist denn nun richtig? Wer oder was bestimmt bei einer »Reihe von Ministern«, ob das Tätigkeitswort in der Einzahl oder in der Mehrzahl steht: die Minister oder die Reihe?
Anders, aber nicht unbedingt klarer ausgedrückt: Richtet sich der Numerus des finiten Verbs nach dem Gezählten oder nach der Mengenangabe? »Mengenangaben« sind zum Beispiel:

> Anzahl, Batzen, Dutzend, Gruppe, Hälfte, Handvoll, Haufen, Herde, Masse, Mehrheit, Menge, Reihe, Schar, Unmenge, Unzahl, Vielzahl, Zahl

Das »Gezählte« ist das, was hinter der Mengenangabe steht. Bei »einer Handvoll Schüler« sind die Schüler das Gezählte und die Handvoll ist die Mengenangabe. (Früher kannte man neben der Handvoll auch noch das »Fellvoll«. Dabei handelte es sich allerdings eher um eine fragwürdige Erziehungsmethode als um eine Mengenangabe. Auch wenn manche Kinder zweifellos eine Menge Fellvoll bekommen haben.)
Bleiben wir bei der Handvoll Schüler. Will die lernen oder wollen die nur spielen?

Für Grammatik-Puristen steht außer Frage, dass sich das Verb nach der Mengenangabe zu richten hat. Das Gezählte sei der Mengenangabe schließlich untergeordnet. Eine Bauernregel bestätigt dies: Viele Blätter machen einen Haufen, aber ein Haufen Blätter macht noch keinen Herbst.
Ein Ratgeber aus dem Hause Duden meint feststellen zu können, dass sich meistens nach der Mengenangabe gerichtet werde: Stehe die Mengenangabe in der Einzahl, werde meistens auch das Verb in die Einzahl gesetzt, auch wenn das Gezählte in der Mehrzahl stehe. Demnach heiße es üblicherweise:

> Eine Reihe von Ministern musste zurücktreten.
>
> Eine Handvoll Schüler kommt immer zu spät.
>
> Eine Vielzahl neuer Anmeldungen war hinzugekommen.

»Meistens« und »üblicherweise« heißt aber nicht »immer« und »ausnahmslos«, und nicht nur der Duden räumt ein, dass es ebenso möglich (und zulässig) sei, das Verb nach dem Gezählten zu bilden:

> Eine Reihe von Ministern mussten zurücktreten.
>
> Eine Handvoll Schüler kommen immer zu spät.
>
> Eine Vielzahl neuer Anmeldungen waren hinzugekommen.

Die Regeln sind in dieser Frage nicht eindeutig und lassen den Anwendern einigen Ermessensspielraum: Wenn man dem Gezählten eine größere Bedeutung beimisst als der

Mengenangabe, kann man sich dafür entscheiden, das Verb nach dem Gezählten zu bilden.

Im Folgenden ist das Verb jeweils in einen Nebensatz gekleidet. Entscheiden Sie selbst, was in Ihren Ohren besser klingt:

> Die Presse berichtete von einer Reihe von Ministern, die zurücktreten musste/mussten.

> Der Lehrer beklagte sich über eine Handvoll Schüler, die immer zu spät kommt/kommen.

> Die Schule verzeichnete eine Vielzahl neuer Anmeldungen, die während der Ferien hinzugekommen war/waren.

Bei einigen Mengenangaben bestehen keine Zweifel, dass sie über das Gezählte regieren und somit das Verb bestimmen. Dies ist bei allen Wörtern der Fall, die für eine Gruppe stehen, wie zum Beispiel »Herde«, »Horde«, »Rotte«, »Schar« und »Schwarm«:

> Eine Gruppe Gefangener hatte (nicht: hatten) sich unbemerkt abgesetzt.

> Eine Herde Schafe stand (nicht: standen) auf den Gleisen.

> Eine Schar Kinder lief (nicht: liefen) den Zirkuswagen hinterher.

Bei anderen Mengenangaben fällt das Gezählte stärker ins Gewicht:

»Er hat eine Masse Probleme, mit der er nicht fertig wird.« Würden Sie diesen Satz so stehen lassen? Vermutlich käme Ihnen diese Form vertrauter vor: »Er hat eine Masse Probleme, mit denen er nicht fertig wird.«

Oder nehmen wir den Satz: »Dafür müssen eine Menge Bäume gefällt werden.« Würde – von ein paar Waldschützern abgesehen – irgendjemand diese Aussage für falsch halten und stattdessen fordern »Dafür muss eine Menge Bäume gefällt werden«?

Bruchrechnung hat mich schon als Schüler ins Schwitzen gebracht. Das hat sich bis heute nicht geändert. So gerate ich jedes Mal ins Grübeln, wenn ich eine Überschrift lese wie: »Ein Drittel unserer Kinder ist zu dick.« Ich frage mich dann, welches Drittel wohl gemeint ist: der Bauch? Brust und Arme? Oder Schenkel und Gesäß?
Tatsächlich aber kann sich das Verb hinter »ein Drittel«, »ein Viertel« und der »Hälfte« sowohl nach dem Bruch als auch nach dem Gebrochenen richten:

> Ein Drittel unserer Kinder sind/ist zu dick.
>
> Mehr als ein Viertel der Importe kommt/kommen aus China.
>
> Die Hälfte der Arbeiter muss/müssen entlassen werden.

Stellen Sie sich vor, Sie leiten eine krisengeschüttelte Firma und müssen die Belegschaft um die Hälfte reduzieren. Würden Sie dem Betriebsrat lieber erklären, »die Hälfte der Arbeiter muss entlassen werden« oder »die Hälfte der Arbeiter müssen entlassen werden«?

Eine Reihe von Ministern nimmt den Hut.

Wenn Sie sich für die zweite Möglichkeit entscheiden, lassen Sie erkennen, dass Ihnen die Arbeiter wichtiger sind als die Mengenangabe. Manchmal wird Grammatik auch von Ethik bestimmt.

Im Zweifelsfall sollte man sich immer für die Klarheit entscheiden. Denn wichtiger als die Einhaltung irgendwelcher Regeln ist es, verständlich zu bleiben und Missverständnisse auszuschließen.
In einer Lokalzeitung las ich einmal folgenden Satz: »Im Neubaugebiet Ost steht noch immer eine ganze Reihe fertiger Reihenhäuser zum Verkauf«. Die Wahl der Verbform »steht« machte mich stutzig, und ich fragte mich, ob der Redakteur sie bewusst gewählt hatte, weil er eine komplette Reihe von nebeneinanderstehenden Häusern meinte. Wenn er aber nicht unbedingt zusammenhängende, vielmehr über das gesamte Neubaugebiet verteilte Reihenhäuser meinte, so hätte er sich besser für »stehen« entschieden.

Wenn Angela Merkel in ihrem Kabinett einmal Kahlschlag betreibt und wir aus der Zeitung erfahren: »Ein Drittel der Minister mussten ihren Hut nehmen«, könnte eine hitzige Diskussion darüber entbrennen, ob es nicht besser heißen sollte: »Ein Drittel der Minister musste seinen Hut nehmen«. Damit wäre immerhin klargestellt, dass es sich nicht um den Hut der Kanzlerin handelt. Zum Glück gibt es noch die Möglichkeit, die Minister einfach *den* Hut nehmen zu lassen, also irgendeinen, ganz neutral, völlig egal, Hauptsache Hut und weg.

Zu diesem Thema lässt/lassen sich noch noch eine Menge Gedanken zu Papier bringen, und selbst dann werden/wird immer noch ein Haufen Fragen unbeantwortet bleiben.

Honeckers letzte(n) Tage

Wenn man als Tourist die »schönsten Schlösser Bayerns« besichtigen will, bekommt man dann »Bayerns schönsten Schlösser« zu sehen oder »Bayerns schönste Schlösser«? Werden im Radio »Madonnas größte Erfolge« gespielt oder »Madonnas größten Erfolge«? Alles eine Frage der Beugung!

Unlängst stellte mir eine Leserin über Facebook eine interessante Frage. Sie war auf der Internetseite der ARD über eine Ankündigung gestolpert, in der es hieß: »In seiner packenden Dokumentation ›Der Sturz‹ untersucht Eric Friedler Honeckers letzte Tage in Deutschland.« Die Leserin wollte nun von mir wissen, ob es nicht »Honeckers letzten Tage« gewesen seien – mit einem »n« am Ende.
Das brachte mich ins Grübeln. Denn die Frage zu beantworten, war eine Sache. Die Antwort plausibel zu begründen, eine andere. Ersetzt man »Honeckers« nämlich durch das Pronomen »seine«, dann heißt es »seine letzten Tage«. Warum dann also nicht auch »Honeckers letzten Tage«? Um das zu verstehen, muss man etwas tiefer im Erdreich der Grammatik graben.

Das Wort »letzte«, um das es hier geht, ist ein Eigenschaftswort (Adjektiv), und weil es vor einem Hauptwort (»Tage«) steht, ist es außerdem ein Attribut. Adjektivattribute sind Eigenschaftswörter, die Hauptwörtern vorangestellt sind, so wie »blond« in »blondes Haar« oder »kanadisch« in »kanadischer Honig«. Zwar können auch Hauptwörter Attribute sein, so wie »Amerika« in »Amerikas Präsidenten« oder »Lübeck« in »Lübecker Marzipan«, doch um die geht es hier nicht. Hier geht es um Adjektivattribute.

Wie ein Adjektivattribut gebeugt wird, hängt zunächst vom Hauptwort ab, vor dem es steht. Das ist konsequent: Da es die Aufgabe von Attributen ist, Hauptwörter zu beschreiben, müssen sie sich auch nach diesen richten. Und da es beim Hauptwort einerseits auf das Geschlecht (Genus) ankommt, andererseits auf Einzahl oder Mehrzahl (Numerus) und schließlich auf den jeweiligen Fall (Kasus), richtet sich auch die Endung des Attributs nach diesen drei Kategorien.

Als wäre das nicht schon kompliziert genug, wird die Endung des Attributs noch von einer vierten Sache bestimmt: dem Deklinationstyp. Da gibt es einen starken Typ, einen schwachen und einen gemischten. Welcher Typ gefragt ist, hängt davon ab, was vor dem Attribut steht.

»Guter Rat ist teuer«, heißt es. Das Hauptwort »Rat« ist männlich, steht hier in der Einzahl und im ersten Fall, und das Attribut »gut« wird entsprechend zu »guter«. Das ist die starke Deklination. Bei der starken Deklination lässt sich das Geschlecht an der Endung des Attributs ablesen: »-er« ist männlich (wie das männliche Pronomen »er«), »-es« ist sächlich (wie das sächliche Pronomen »es«): »Neues Spiel, neues Glück.«

Steht vor dem Attribut aber ein Geschlechtswort (Artikel), hat dies Konsequenzen für die Endung: Aus »guter Rat« wird »der gute Rat« – das Attribut hat das männliche »r« am Ende eingebüßt. Das ist die schwache Deklination. Sie wird deshalb »schwach« genannt, weil sie keine geschlechtsspezifischen Endungen hat. Die Aufgabe der Geschlechtsmarkierung hat sie an den Artikel abgetreten. Und so genügt es nach sprachlicher Logik auch: Wenn »der«, »die« oder »das« davorsteht, braucht das Attribut nicht zusätzlich noch durch seine Endung anzuzeigen, mit welchem Geschlecht man es zu tun hat.

Und dann gibt es noch die gemischte Deklination. Sie steht hinter unbestimmtem Artikel (»ein«, »eine«, »ein«), und weil dieser unbestimmte Artikel nicht immer eine klare Geschlechtszuweisung zulässt (denn »ein« kann sowohl männlich als auch sächlich sein), ist die gemischte Deklination teils schwach und teils stark.
Die schwache und die gemischte Deklination kommen nur zum Einsatz, wenn vor dem Attribut ein Geschlechtswort steht. Oder ein besitzanzeigendes Fürwort (Possessivpronomen) wie »mein«, »dein« und »sein«. Das ist der Fall bei »die letzten Tage« und bei »seine letzten Tage«, aber nicht bei »Honeckers letzte Tage«, denn »Honecker« ist weder ein Artikel noch ein Pronomen. »Honecker« ist ein Name. Und hinter Namen sieht die Grammatik starke Beugung vor.

Die besten Weine Frankreichs sind »Frankreichs beste Weine«, die gesammelten Werke Loriots sind »Loriots gesammelte Werke«, und die vielen Facebook-Freunde der Kanzlerin sind »Merkels viele Facebook-Freunde«.

Und so fasst man die letzten Tage Honeckers in Deutschland unter der Überschrift »Honeckers letzte Tage in Deutschland« zusammen, sowohl im Nominativ als auch im Akkusativ, wenn es heißt: »Friedler untersucht Honeckers letzte Tage in Deutschland.«

Stark gebeugt wird auch hinter Hauptwörtern: Das Andersen-Märchen vom leichtgläubigen Herrscher, der auf zwei raffinierte Betrüger hereinfällt, heißt »Des Kaisers neue Kleider« und nicht »Des Kaisers neuen Kleider«. Und damit haben wir der Grammatik unergründliche Tiefen genug durchgraben.

Vergangene Nacht hatte ich einen Traum. Ich saß in einer Gefängniszelle, meine Hände waren gefesselt, und es sah nicht gut aus für mich. Ein Mann mit schütterem Haar und einer dicken Hornbrille betrat den Raum. »Noch irgendwelche letzte Worte?«, fragte er mich in heiserem Tonfall. »Letzten!«, stieß ich hervor. »Das Attribut wird schwach gebeugt!« – »Schwäche können wir uns nicht leisten!«, krächzte der Mann mit der dicken Brille zurück. Ich entgegnete trotzig: »Sie haben den Willen der Menschen nicht beugen können, und Sie können auch grammatisch nicht richtig beugen! Sie werden nicht weit kommen!« – »Und ob!«, ereiferte sich der Mann, »ich habe schließlich noch Margots sämtlichen Devisen!« – »Sämtliche!«, stellte ich klar und fügte erklärend hinzu: »Hinter Margot wird stark gebeugt!« – »Ich denke ja nicht dran!«, zeterte der Mann und wirkte sehr aufgebracht: »Margot beuge ich mich kein bisschen mehr! Die Zeiten sind endgültig vorbei!«

Eine Übersicht über die Beugungen von Adjektivattributen finden Sie auf der folgenden Doppelseite.

Beugung von Adjektivattributen in der Einzahl			
	SCHWACH hinter »der«, »die«, »das«	**GEMISCHT** hinter »ein«, »eine« und »mein«, »dein«, »sein« etc.	**STARK** hinter Namen und Hauptwörtern
Nominativ	der **neue** Freund die **gute** Tat das **letzte** Wort	ein **neuer** Freund eine **gute** Tat mein **letztes** Wort	Evas **neuer** Freund des Helfers **gute** Tat Goethes **letztes** Wort
Genitiv	wegen/trotz ... des **neuen** Freundes der **guten** Tat des **letzten** Wortes	wegen/trotz ... eines **neuen** Freundes einer **guten** Tat meines **letzten** Wortes	wegen/trotz ... Evas **neuen** Freundes des Helfers **guter** Tat Goethes **letzten** Wortes
Dativ	mit/bei ... dem **neuen** Freund der **guten** Tat dem **letzten** Wort	mit/bei ... einem **neuen** Freund einer **guten** Tat meinem **letzten** Wort	mit/bei ... Evas **neuem** Freund des Helfers **guter** Tat Goethes **letztem** Wort
Akkusativ	für/über ... den **neuen** Freund die **gute** Tat das **letzte** Wort	für/über ... meinen **neuen** Freund eine **gute** Tat mein **letztes** Wort	für/über ... Evas **neuen** Freund des Helfers **gute** Tat Goethes **letztes** Wort

Beugung von Adjektivattributen in der Mehrzahl			
	SCHWACH hinter »der«, »die«, »das«	**GEMISCHT** hinter »ein«, »eine« und »mein«, »dein«, »sein« etc.	**STARK** hinter Namen und Hauptwörtern
Nominativ	die **neuen** Freunde die **guten** Taten die **letzten** Worte	ihre **neuen** Freunde seine **guten** Taten seine **letzten** Worte	Evas **neue** Freunde des Helfers **gute** Taten Goethes **letzte** Worte
Genitiv	wegen/trotz ... der **neuen** Freunde der **guten** Taten der **letzten** Worte	wegen/trotz ... meiner **neuen** Freunde seiner **guten** Taten seiner **letzten** Worte	wegen/trotz ... Evas **neuer** Freunde des Helfers **guter** Taten Goethes **letzter** Worte
Dativ	mit/bei ... den **neuen** Freunden den **guten** Taten den **letzten** Worten	mit/bei ... ihren **neuen** Freunden seinen **guten** Taten seinen **letzten** Worten	mit/bei ... Evas **neuen** Freunden des Helfers **guten** Taten Goethes **letzten** Worten
Akkusativ	für/über ... die **neuen** Freunde die **guten** Taten die **letzten** Worte	für/über ... meine **neuen** Freunde seine **guten** Taten seine **letzten** Worte	für/über ... Evas **neue** Freunde des Helfers **gute** Taten Goethes **letzte** Worte

Das bisschen Haushalt

Frage eines Lesers aus Weinsheim (Eifel): Sehr geehrter Herr Sick! Seit ein paar Wochen schwindet das bisschen Hoffnung, ich käme noch von selbst darauf, wieso es »das bisschen Hoffnung« heißt, obwohl »die Hoffnung« doch nun wirklich sehr feminin ist – jedenfalls in grammatischer Hinsicht. Da ich weiß, dass Sie ein großer Anhänger der deutschen Schlagermusik sind, kann man die Frage auch gerne auf den Haushalt beziehen. Wieso sang Johanna von Koczian, ihr Mann sei der Meinung, dass sich »das bisschen Haushalt« von allein mache? Der Haushalt ist doch maskulin. Konsequenterweise hätte Frau von Koczian singen müssen: »Der bisschen Haushalt macht sich von allein, sagt mein Mann«. Herr Sick, das letzte bisschen Hoffnung schwindet, ich komme einfach nicht weiter. Ich bin so durch den Wind, dass ich meiner Frau nicht einmal mehr im Haushalt helfen kann. Ich bitte um Aufklärung!

Antwort des Zwiebelfischs: Sehr geehrter Hoffnungsträger und Haushaltshelfer! Wie schön, dass Sie sich noch des Liedes von Johanna von Koczian erinnern! Das war in meiner Jugend ein großer Hit. Ich war damals zwölf und hatte für Haushaltsfragen nur wenig Verständnis. Die Hitparade habe ich mir trotzdem immer gern angesehen, vom bisschen Haushalt bis zum bisschen Frieden.

Dass es »das bisschen Hoffnung« und »das bisschen Haushalt« heißt, liegt am Wort »bisschen«. Dieses ist ein Diminutivum, ein Verkleinerungswort: der kleine Biss (oder Bissen) wird zum »Bisschen«. Eigentlich müsste »bisschen« daher großgeschrieben werden. Und das wird es auch noch, wenn wirklich »ein kleiner Bissen« gemeint ist:

Bisschen für Bisschen
verspeiste das Blatt
die kleine Raupe Nimmersatt.

Meistens aber gebraucht man »bisschen« als Mengenwort*, in der Bedeutung von »etwas« oder »wenig«. Da es in dieser Funktion als Hauptwort »verblasst« ist, wie die Sprachwissenschaft es auszudrücken pflegt, wird es kleingeschrieben, und das war auch schon zu Zeiten der alten Rechtschreibung so.

In dem Lied »Das bisschen Haushalt« fungiert »bisschen« also als ein Mengenwort und wird folglich kleingeschrieben. Ein Rest seines ursprünglichen Hauptwortcharakters ist ihm allerdings noch geblieben; dieser offenbart sich in dem neutralen Artikel »das«. Insofern ist »bisschen« auch als Mengenwort immer noch »ein bisschen Hauptwort«. Da kann der Haushalt noch so männlich sein, die Hoffnung noch so weiblich: Wenn »bisschen« davor steht, dann regieren nicht der Haushalt oder die Hoffnung den Artikel, sondern das sächliche »bisschen«.
Anders bei »wenig«; da heißt es nicht »das wenige Haushalt« oder »das wenige Hoffnung«, sondern »der wenige Haushalt« oder »die wenige Hoffnung«. Was daran liegt, dass »wenig« ein reines Mengenwort ist, welches – im Unterschied zum kleinen Bissen – nie ein Hauptwort war und deshalb auch kein Geschlecht vorgeben kann.

* Zur Gruppe der Mengenwörter (lat. *Quantoren*) gehören unter anderem: alles, allerhand, allerlei, (ein) bisschen, einiges, etliches, etwas, kein, manch, mancherlei, mehr, mehrere, (das) meiste, nichts, verschiedenerlei, viel, vielerlei, wenig.

Trotzdem lässt sich auch das Mengenwort »wenig« substantivieren, das heißt zum Hauptwort machen: Es gibt »das Wenige« genauso wie »das Viele«. (Beispiel: »Das Wenige, was es im Haushalt zu tun gibt, macht sich praktisch von allein.«) Nach alter Rechtschreibung wurden »das wenige« und »das viele« noch ausnahmslos kleingeschrieben. Inzwischen ist hier aber auch die Großschreibung zulässig, da es sich eben um Hauptwörter handelt. Und die Rechtschreibreform wollte ja für eine Vereinheitlichung sorgen, wozu gehört, dass Hauptwörter konsequent großgeschrieben werden.

Ich hoffe, ich konnte Ihnen mit dem bisschen Geschreibe ein bisschen weiterhelfen, und genehmige mir nun ein herzhaftes Bisschen in mein Pausenbrot!

Dem Kaiser seine neuen Kleider

Der Genitiv ist ein schmückendes Accessoire, ein sprachlicher Luxus. Wirklich notwendig ist er nicht. Viele Menschen kommen ihr ganzes Leben ohne ihn zurecht. Vielleicht wird der Genitiv eines Tages komplett verschwunden sein. Dann wird man die Literatur neu bearbeiten müssen. Diese Geschichte liefert schon mal einen Vorgeschmack.

In den vergangenen Jahren bin ich mit meinen Büchern oft auf Reisen gewesen, zahlreiche Buchhandlungen haben mich zu Lesungen eingeladen, und so habe ich viel von Deutschland gesehen und erfahren. Eines tristen Tages gelangte ich denn auch in die schöne Stadt Köln. Oder war es umgekehrt: War der Tag schön und die Stadt war ... Düsseldorf? Nein, es war Köln, dessen bin ich sicher.

Ein gewisser Herr Schmitz hatte mich für einen Vortrag gebucht. Und ich hatte mich gut vorbereitet, denn ich wusste, dass ich mich in ein grammatisches Entwicklungsgebiet begab. Herr Schmitz empfing mich auf eine liebenswürdige Art, wie es nur die Kölner können. Kurz bevor es losging, nahm er mich zur Seite und raunte mir ins Ohr: »Eines noch, Herr Sick, das müssen Sie noch wissen. Der Genitiv, der ist bei uns hier in Köln praktisch tot. Den kennt hier keiner, den braucht auch keiner. Ihr Publikum heute Abend, das sind alles Kunden von meiner Firma, alles waschechte Rheinländerinnen und Rheinländer. Die sind auch ohne Genitiv schon jeck, verstehen Sie? Die muss man nicht noch zusätzlich verunsichern. Lesen Sie einfach irgendeine von Ihren lustigen Geschichten, ganz egal welche, aber lassen Sie den Genitiv aus dem Spiel!« Als er meines entsetzten Gesichtsausdrucks gewahr wurde, klopfte er mir aufmunternd auf die Schulter und sagte: »Sie machen das schon!«

Und bevor ich noch etwas erwidern konnte, war Herr Schmitz schon aufs Podium gestiegen und stellte mich dem Publikum mit überschwänglichen Worten vor: »Hier kommt ein Mann, der sich dem Thema deutsche Sprache angenommen hat!« Höflicher Beifall brandete auf. Ich trat ans Rednerpult, raschelte etwas nervös in meinen Papieren und räusperte mich: »Guten Abend, meine sehr verehrten Damen und Herren, ich habe Ihnen ein Märchen von Hans Christian Andersen mitgebracht, das ich ein wenig bearbeitet habe, und ich hoffe, es wird Ihnen gefallen.« Hastig nahm ich einen Schluck Wasser, um die trockene Kehle zu befeuchten, dann hub ich an: »Es trägt den Titel: *Des Kaisers neue Kleider.*«

Bestürzt hielt ich inne. Das war ja ein Genitiv! Was war nur in mich gefahren – wollte ich die Leute etwa schon in der Überschrift kompromittieren? Verunsichert blickte ich zu Herrn Schmitz, der missbilligend den Kopf schüttelte. Ich räusperte mich noch einmal, nahm einen weiteren hastigen Schluck aus dem Wasserglas und begann von Neuem: »Dem Kaiser seine neuen Kleider.« Ein »Ah!«-Raunen ging durch den Saal – das Märchen war meinen Zuhörern offenbar bekannt –, und aus Herrn Schmitz' Richtung war ein erleichtertes Seufzen zu vernehmen.* Also las ich weiter:

* Hans Christian Andersens Märchen »Des Kaisers neue Kleider« erschien 1837 – übrigens auch im dänischen Original mit Genitiv: *»Keiserens nye Klæder«*. 1839 wurde es erstmals ins Deutsche übersetzt. Seitdem wurde der Stoff mehrfach bearbeitet, vertont und verfilmt. Unübertroffen ist die Lesung von Hans Paetsch. Die jüngste Fernsehbearbeitung im Auftrag von Pro7 stammt aus dem Jahr 2006 und trug den reißerischen Untertitel *»Mode, Mob und Monarchie«*.

Vor vielen Jahren lebte ein Kaiser, dessen einzige Lust – pardon: dem seine einzige Lust – *darin bestand, in immer neuen Kleidern zu wandeln und dem Volke seine kostbaren Röcke vorzuführen.*

Ich stockte erneut. Würden die Kölner diese Formulierung womöglich als besitzanzeigenden Dativ auffassen und »dem Volke seine kostbaren Röcke« als »kostbare Volksröcke« deuten? Ich durfte mir meine Verunsicherung nicht allzu sehr anmerken lassen und beschloss daher, zügig weiterzulesen:

Eines Tages – nein, will sagen: an einem Tag –, *da kamen zwei Betrüger in die Stadt, die gaben sich als Weber aus und behaupteten, Meister ihres Faches zu sein.* Meister von ihrem Fach, um es verständlicher zu sagen. *Sie würden die allerbesten Tuche weben, so fein, dass nur derjenige ihrer gewahr würde, der seines Amtes würdig sei.*

Katastrophe! War ich denn des Wahnsinns? Wie konnte ich nur so einen Satz durchgehen lassen! Die Sache bedurfte einer sofortigen Klarstellung: In Wahrheit haben die Weber natürlich nichts anderes behauptet, als dass sie Kleider machen können, die ein dummer Mensch nicht sehen kann. Und ich fuhr fort: *Das erweckte des Kaisers Neugier.*

Und Letzteres wiederum die Missbilligung meines Gastgebers Herrn Schmitz. Flugs verbesserte ich:

Das machte den Kaiser neugierig, und er befahl ihnen, ihm ein solches Gewand anzufertigen, koste es, was es wolle. Die Weber verlangten von ihm dafür Seide, Silber und Gold. Der Kaiser klatschte in die Hände und trug seinen Ministern auf: »Bringet alles herbei, wessen es bedarf! Des Guten kann es nicht zu viel sein!«

Spätestens an dieser Stelle war klar, dass dieser Kaiser nie und nimmer in Köln gelebt haben konnte.

Schnellen Schrittes gingen die Minister, das Gewünschte zu holen. Frischen Mutes machten sich die Weber ans Werk. Vergessen Sie einfach die letzten beiden Sätze.

Nach ein paar Tagen wurde der Kaiser ungeduldig und ließ die Weber zu sich holen, auf dass sie ihm vom Fortgang ihrer Arbeit Bericht erstatteten. »Wir brauchen mehr Seide!«, riefen sie. »Und Gold! Erheblich mehr Gold!« – »Und wenn ihr noch etwas Silber habt, auch das!« Der Kaiser nickte. Die Minister eilten. Die Weber webten. Zumindest gaben sie sich den Anschein. Unterdessen – ich berichtige: unterdem – *rückte der Geburtstag des Kaisers* – also der kaiserliche Jubeltag – *immer näher, und das Volk war voller Erwartung ob des angekündigten prächtigen Gewandes.* Anders ausgedrückt: Das Volk war sehr gespannt auf den neuen kaiserlichen Fetzen.

Als der Geburtstag gekommen war, erschienen die Weber in des Kaisers Gemach. (Sie wissen schon: das Zimmer, wo draußen dransteht: »Dem Kaiser seins«.) *»Herr, wir bringen euch euer neues Gewand!«, verkündeten sie. Der Kaiser erschrak, denn er konnte es nicht sehen. Dabei war er sich seiner Sache so sicher gewesen.*

Ja, das kommt davon! Wäre er *von* seiner Sache nicht ganz so sicher gewesen, dann hätte er viel Gold und Silber sparen können!

Der Kaiser durfte sich natürlich nichts anmerken lassen, und so schlüpfte er in die Kleider, die gar nicht da waren, zeigte sich voll des Lobes – also ziemlich voll mit Lob – *und trat erhobe-*

nen Hauptes – um nicht zu sagen mit erhobenem Haupt – *hinaus vor das Schloss.*

Die Menschen, die seines Erscheinens schon seit Stunden geharrt … die schon seit Stunden auf ihn gewartet *hatten, gerieten in äußerstes Entzücken und riefen: ›Welche Muster! Welche Farben! Und wie gut die Schleppe sitzt!‹ Niemand wollte sich anmerken lassen, dass er in Wahrheit gar nichts sah, denn sonst hätte man ihn womöglich der Dummheit geziehen* – oder ihn zum Vollidioten abgestempelt.

Da rief schließlich ein Kind: »Aber er hat ja nichts an! Warum hat der Kaiser denn nichts an?!« Und Kindermund tut be-

kanntlich Wahrheit kund. Darauf ging ein Raunen durch die Menge: »Das Kind hat Recht! Um Himmels willen! Der Kaiser ist völlig nackt!«

Wie – um Himmels willen – sagt man ›um Himmels willen‹ ohne Genitiv? ›Um dem Himmel seinen Willen‹? Weiß der Teufel! Ist auch schnurz, denn wir sind ohnehin gleich am Ende.

Ungeachtet des Raunens – also ohne das Raunen zu beachten – *setzte der Kaiser seine Prozession fort, aufrechten Ganges* – oder wenigstens aufrecht gehend –, *und die Kammerdiener trugen die Schleppe, die gar nicht da war.*

So endete das Märchen. Und der Geschichte ihre Moral? Genitiv oder Dativ – mir war inzwischen alles egal! Denn ob nach dieser oder jener Art – ist letztlich ein Streit um dem Kaiser seinen Bart.

Das Publikum applaudierte höflich, und ein sichtlich bewegter Herr Schmitz kam auf mich zu, tätschelte mir die Schulter und sagte: »Sehen Sie, war doch gar nicht so schwer! Sie waren für alle gut zu verstehen!« Ich tupfte mir ein paar Schweißperlen von der Stirn und lächelte dankbar. »Und übrigens«, fügte Herr Schmitz hinzu, »damit Sie es wissen: ›Dem Kaiser seine neuen Kleider‹ ist nicht grundsätzlich falsch! Es kommt auf den Zusammenhang an!« – »Auf welchen Zusammenhang?«, fragte ich, »den regionalen?« – »Nein«, erwiderte er, »auf den grammatischen! Es ist doch alles in bester hochdeutscher Butter, wenn es heißt: ›So stehen dem Kaiser seine neuen Kleider noch viel besser‹!«

Die Entmannung unserer Sprache

Ist unsere Sprache sexistisch? Werden Frauen durch Wörter wie »Studenten«, »Besucher« und »Fußgänger« diskriminiert? Müssen wir das Deutsche einer Geschlechtsumwandlung unterziehen? Einige Bürokraten verlangen dies tatsächlich, vor allem in der Schweiz.

Als ich an einem ganz gewöhnlichen Freitag in der Zeitung blätterte, blieb ich an einem Artikel über Amtsdeutsch hängen, der so unglaublich war, dass ich mich prompt an meinem Kaffee verschluckte. Darin wurde über die Arbeit einer Schweizer Nationalrätin berichtet, die sich seit Jahren energisch dafür einsetzt, die Amtssprache so geschlechtsneutral wie möglich zu gestalten.

Mit Erfolg, wie sich zeigte. Denn im Sommer 2010 brachte die Stadt Bern einen »Sprachleitfaden für die Stadtverwaltung« heraus, der die Vermeidung geschlechtsspezifischer Wörter empfiehlt. Anstelle von männlichen Personen- und Berufsbezeichnungen wie »Arbeiter«, »Kunde«, »Fußgänger« und »Besucher« solle man neutrale Begriffe wie »Arbeitende«, »Kundschaft«, »Passanten« und »Gäste« verwenden.

Ähnliche Bestrebungen kennt man ja bereits von unseren Universitäten, an denen es laut offizieller Sprachregelung keine Studenten mehr gibt, sondern nur noch Studierende. Der Berner Sprachleitfaden geht aber noch weiter. Auch bei Zusammensetzungen, die einen geschlechtsspezifischen Teil enthalten, müsse künftig umgedacht werden. Statt »Mitarbeitergespräch« empfiehlt der Leitfaden »Beurteilungsgespräch« – offenbar voraussetzend, dass es in Gesprächen mit Mitarbeitern immer um deren Beurteilung gehe.

Die »Einwohnerbefragung« soll nach Willen des Berner Stadtrates künftig zur »Bevölkerungsbefragung« werden. In Deutschland haben wir ja zum Glück noch das schöne kompakte Wort »Volksbefragung« oder auch die »Volkszählung«, die zwar nicht unumstritten ist, aber das nicht aus genderspezifischen Gründen.

Und nicht zu vergessen der Führerschein! Oder, wie man in der Schweiz sagt, »Führerausweis«. Der muss ebenfalls dran glauben. Denn wo bleiben da schließlich die Führerinnen? Darum soll der Führerschein in der Schweiz demnächst »Fahrausweis« heißen.
Bei uns ist es im Prinzip ja ähnlich: Wenn man mit Alkohol am Steuer von der Polizei angehalten wird, heißt es auch hierzulande statt Führerschein plötzlich Fahrausweis – für Bahn und Bus.

Ebenfalls zu männlich: der »Fußgänger«. Auch der wird – schnipp, schnapp – seiner Männlichkeit beraubt. Der »Fußgängerstreifen« – so sagte man im Schweizer Amtsdeutsch bislang zum Fußgängerüberweg – wird künftig zum »Zebrastreifen«. Das Zebra ist eindeutig sächlich und kann daher keinen Schaden anrichten.

Ich bin mir nicht sicher, ob man die Sprache verändern muss, wenn man die Gesellschaft verändern will. Wörter wie »Fußgänger« und »Kunde« mögen grammatisch männlich sein, aber ihre Bedeutung ist so geschlechterübergreifend wie »der« Mensch. Wenn ich das Wort »Person« höre, denke ich auch nicht automatisch an eine Frau, nur weil »die Person« weiblich ist. Und es ist mir egal, ob ich als Figur männlich oder weiblich bin, solange ich nur eine gute abgebe.

Die Entmannung der Sprache macht aber nicht beim Fußgänger Halt. Wörter, die das erkennbare Wort »Mann« enthalten, stehen auf der Berner Abschussliste ganz oben: Aus »Mannschaft« wird »Gruppe«, und der »Ein-Mann-Betrieb« wird zum »Ein-Personen-Betrieb«. In die Verlegenheit, die Fußballnationalmannschaft in »Fußballnationalgruppe« umbenennen zu müssen, kommen die Schweizer zum Glück nicht, da diese für sie ohnehin nur kurz und knapp die »Nati« ist.

Da die Berner Stadtverwaltung ganz bodenständig denkt und sich nicht anschickt, nach den Sternen zu greifen, brauchte sie sich auch kein Ersatzwort für »bemannte Raumfahrt« auszudenken. Was wäre dabei herausgekommen: »bemenschte Raumfahrt«? Im Unterschied zur behundeten und beafften Raumfahrt?

Und was ist in Bern nach neuer Sprachregelung wohl ein »herrenloses« Fahrrad? »Besitzerlos« kann es auch nicht heißen, denn der Besitzer ist genauso männlich wie der Herr. Es ist ja in der Schweiz nicht einmal ein Fahrrad, sondern ein »Velo«. Richtig kompliziert wird es, wenn es sich bei dem herrenlosen Fahrrad auch noch um ein Damenfahrrad handelt. Ich möchte nicht in der Uniform des Schweizer Polizeibeamten stecken, der zu Protokoll geben muss: »In der Berner Herrengasse wurde heute Vormittag ein herrenloses Damenfahrrad sichergestellt.« Das klingt im neuen Schweizer Amtsdeutsch womöglich so: »In der Bernerinnen und Berner Gruppengasse wurde heute Vormittag ein kaufkundschaftsloses Velo für weibliche Verkehrsteilnehmende sichergestellt.«

Die Ideen der Sprachkastrationsbeauftragten gehen noch weiter: Auch die Wörter »Mutter« und »Vater« seien zu vermeiden, da diese »zu geschlechtsspezifisch« seien. Anstelle von »Vater« oder »Mutter« solle man »der Elternteil« schreiben – oder noch besser: »das Elter«! Demnächst wird es in der Schweiz dann keine Vaterschaftstests mehr geben, sondern Elterschaftstests. Nicht zu verwechseln mit dem Elchtest. Der Muttertag wird dann wohl irgendwann zum »Tag des austragenden Elters« und der Vatertag zum »Tag des einschenkenden Elters«.

Vielleicht sind die Schweizer in Geschlechterfragen deshalb so besonders sensibel, weil ihr Land zu den wenigen Ländern zählt, die einen weiblichen Artikel haben. Deutschland hingegen ist sächlich und somit – zumindest grammatisch – ebenso neutral wie Österreich. Wenn die Gender-Diskussion weiter vorangetrieben wird, kommt es womöglich irgendwann dazu, dass die Schweizer ihre Neutralität auch im Landesartikel verankert sehen wollen und von oberster Stelle verfügt wird: Ab sofort heißt es »das Schweiz«.

Mehr zur weiblichen Emanzipation im Deutschen:

»Liebe Gläubiginnen und Gläubige«
(»Dativ«-Band 1)
»Die Kapitänin, die Torfrau und die Libera«
(in diesem Buch auf S. 113)

Kommt dämlich von der Dame und herrlich vom Herrn?

Frage einer Leserin aus Kassel: Wenn mein Freund mich aufziehen will, behauptet er gern, »dämlich« komme von »Dame« und »herrlich« von »Herr«. Ich bin mir ziemlich sicher, dass er sich irrt, zumindest in Bezug auf die Dame. Können Sie mir helfen, damit ich ihm beim nächsten Mal eins auswischen kann?

Antwort des Zwiebelfischs: In der Tat gilt die Behauptung, dass »dämlich« von der »Dame« komme und »herrlich« vom »Herrn«, für viele Männer immer noch als das ultimative Argument in der verbalen Auseinandersetzung mit dem weiblichen Geschlecht. Höchste Zeit also, die Sache aufzuklären und richtigzustellen.

Als ich sieben Jahre alt war, machte ich Bekanntschaft mit einer Regel, die sehr einfach zu behalten war: »Wer *nämlich* mit h schreibt, ist dämlich.« Und die Begründung lautete, dass »nämlich« von »Name« kommt. Der Umkehrschluss, dass »dämlich« von »Dame« komme, trifft indes nicht zu. »Dame« und »dämlich« haben nichts miteinander zu tun, sie stammen nicht einmal aus derselben Sprachfamilie. Das eine ist ein Importprodukt, das andere ein Eigenerzeugnis. Die Dame wurde, wie vieles andere Schöne auch, aus Frankreich eingeführt: Das französische Wort »dame« ist die Bezeichnung für »vornehme Frau«, auch zu finden in der Anredeform »Madame« (= meine Dame, gnädige Frau). Die französische »dame« fußt – genau wie die italienische und spanische »dama« – auf dem lateinischen Wort »domina«. Die Domina war bei den Römern noch kein käufliches Peitschenweib, sondern die Herrin des Hauses –

abgeleitet vom Wort »domus«, das »Haus« bedeutet. Aus »domus« bildeten die Römer »dominus« und »domina«, den Hausherrn und die Hausherrin. Der eine wurde später zum spanischen Don, die andere zur französischen Dame. Im 16. Jahrhundert holte der Adel die französische Dame ins Deutsche, wo sie das »Frauenzimmer« ablöste, ein Wort für die vornehme (adlige) Frau, das seitdem nur noch scherzhaft gebraucht wird.

Dämlich wiederum gehört zum mundartlichen Verb »dämeln«, das »sich kindisch benehmen, verwirrt sein« bedeutet. Neben »dämeln« ist auch die Form »dammeln« zu finden. Beide kommen nicht von der »Dame«, sondern von

»taumeln« und »dämmern«. Möglicherweise wurde das schwache Licht der Dämmerung mit dem Geisteszustand eines verwirrten Menschen gleichgesetzt.
Die Verben »dämeln« und »dammeln« sind heute verschwunden, während kindisches Benehmen, verwirrte Zustände und schwache Leuchten nach wie vor verbreitet sind.

Bewahrt hat sich »dämeln« in den Schimpfwörtern »Dämel« und »Dämlack« – und eben im Adjektiv dämlich. Dieses ist außerdem verwandt mit dem bairischen »damisch« (älter: dämisch). Die Schimpfwörter Dämel und Dämlack sind übrigens beide männlich.

Dämlich kommt also nicht von der Dame, sondern vom damischen Dämel, einem ganz besonderen Prachtexemplar der Spezies Mensch.
Damit kann man als Mann vielleicht noch leben – doch nun folgt die zweite Ernüchterung: »Herrlich« kommt nicht von »Herr«. Beide Wörter haben zwar dieselbe Wurzel, doch das haben Mensch und Affe auch, ohne dass der eine vom anderen abgeleitet wäre. »Herrlich« und »Herr« gehen zurück auf das Adjektiv »hehr«, das im Althochdeutschen zunächst »grau(haarig)« bedeutete und später die übertragene Bedeutung »ehrwürdig« und »erhaben« annahm. So wie sich der römische ehrwürdige Alte, der Senior, in den romanischen Sprachen zu Señor, Senhor, Seigneur und Signore entwickelte, so wurde auch der altdeutsche »hēr« zu einer Anrede für Männer von Rang und Adel. Dabei entfernte er sich in Schreibung und Aussprache von seiner »hehren« Abstammung, und »herrlich« folgte ihm. Eigentlich müsste es heute »hehrlich« geschrieben und mit langem »e« gesprochen werden. In Momenten größten Genusses ist es bisweilen auch so zu hören: Auf die Frage »Schmeckt's?« habe ich nicht selten selig seufzend geantwortet: »Heeerlich!«

Nun dürften Sie genügend Argumente haben, um die so gar nicht damenhafte These Ihres Freundes auf hehre Weise zu entkräften. Und sollte das nicht genügen, dann bringen Sie ihm bei, wie man »dämlich« steigert: Manche Menschen sind nämlich nicht einfach nur dämlich, sondern geradezu herrlich dämlich!

Mehr zum Thema Herrlichkeit:

»Beugt sich der Herr zum Herrn oder zum Herren?« (»Dativ«-Band 2)

Und zur Anrede junger Damen:

»Hallo, Fräulein!« (»Dativ«-Band 3)

Die Kapitänin, die Torfrau und die Libera

Früher waren Fußball und Schönwetter noch reine Männersache: Tiefdruckgebiete und Stürme hießen nach Frauen, während die Männer eitel Sonnenschein verbreiteten. Beim Fußball hatten die Männer das Sagen, während die Frauen nur zuschauen und Schnittchen reichen durften. Seitdem hat sich das Klima deutlich gewandelt.

Heute werden auch Männer für schlechtes Wetter verantwortlich gemacht, und die Frauen haben den Fußball erobert. Das war kein leichter Weg: In England und Deutschland war Frauenfußball lange Zeit verboten. Erst 1970 hob der DFB das Verbot auf. Seit 1991 findet alle vier Jahre die Frauenfußballweltmeisterschaft statt; 2011 wurde sie erstmals in Deutschland ausgetragen.

Aus diesem Anlass wurde ich von der »Sportschau«-Redaktion nach den weiblichen Formen befragt. Freilich nicht nach den anatomischen, sondern den grammatischen. Zum Beispiel wollte man von mir wissen, wie denn die weibliche Form von »Mannschaftskapitän« laute.

Das Wort »Kapitänin« gebe es selbstverständlich, erwiderte ich, in der Seefahrt und der Luftfahrt kenne man es sogar schon länger als im Fußball. Die »Mannschaftskapitänin« ist also nichts Ungewöhnliches und daher auch im Wörterbuch zu finden. Auch die »Libera« ist dort bereits vermerkt, als weibliche Form zum »Libero«.

Sodann wollte man wissen, ob es eine deutsche Entsprechung für das Wort »Keeperin« gebe. Darauf musste ich erst einmal nachfragen, welche Sprache denn »Keeperin« sein solle. Selbstverständlich gibt es ein deutsches Wort für die Spielerin im Tor, und nicht nur eines. Man (und frau) hat die Wahl zwischen Torhüterin und Torwartin, und wem das nicht genügt, der kann auch einfach »Torfrau« sagen. Nicht zu verwechseln mit der »Torwartsfrau«, die gibt es auch, aber die hat andere Aufgaben.

Bei einer solch großen Auswahl kann man auf die Form »Keeperin« getrost verzichten. Außerhalb von Sportredaktionen gebraucht dieses Wort ohnehin kein Mensch. Das Gleiche gilt für den »Referee«, der ausschließlich von Journalisten so genannt wird. Jeder andere sagt »Schiedsrichter« oder kurz »Schiri«.

Mit der weiblichen Entsprechung des Wortes »Manndecker« wird es dann schon schwieriger. Die »Manndeckerin« kann's ja nicht sein. Fraudecker dann? Das klingt wie ein Name: »Frau Decker, einmal die 17 bitte!« Und Männindeckerin klingt geradezu absurd. Andererseits hat das Wechselspiel der Geschlechter viele drollige Formen hervorgebracht, die vielleicht paradox erscheinen, auf die aber niemand ernsthaft verzichten wollte. Wörter wie die Landsmännin und die Schirmherrin, den Bundeskanzlerinnengatten und die Bundespräsidentenlebensgefährtin, das Mannweib und den Frauenversteher, Herrchens Frauchen und das Erdmännchenweibchen.

Was die Bildung weiblicher Formen betrifft, ist das Deutsche flexibler als manche unserer Nachbarsprachen. Im Englischen ist es zum Beispiel gar nicht möglich, mit Hilfe irgendeiner Endung eine weibliche Form zu bilden. Im Französischen kann man zwar zwischen Sänger und Sängerin (chanteur/chanteuse) und zwischen Kanzler und Kanzlerin (chancelier/chancelière) unterscheiden, nicht aber zwischen Arzt und Ärztin oder zwischen Präsident und Präsidentin. Dafür hängen die Franzosen bisweilen noch ein stummes »e« ans Wort, um das Weibliche zu markieren, so wie beim männlichen Vornamen René, der auch in der weiblichen Form »Renée« existiert. Genauso unterscheidet das Französische beim Wort für »Liebling« zwischen männlichem »Chéri« und weiblicher »Chérie«. Vielleicht sollten wir uns das zu eigen machen und zur besseren Unterscheidung die weibliche Kurzform der »Schiedsrichterin« mit »ie« schreiben: die Schirie. Udo Jürgens könnte dann zur nächsten Frauenfußballweltmeisterschaft eine Neudichtung seines Klassikers »Merci, Chérie« aufnehmen, und Kapitäninnen, Stürmerinnen, Liberas und Torfrauen sängen mit ihm im Chor: »Merci, Schirie«. Das würde bestimmt ein großer Hit!

Weiteres zu weiblichen Formen in der Grammatik:

»Vom Zaubermann zur Zauberfrau« (»Dativ«-Band 2)
»Der Vogel und die Vögelin« (in diesem Buch auf S. 160)

Ziehen Sie die Brille aus!

Man kann Klamotten anziehen und Schuhe. Man kann auch Pech anziehen oder Glück. Und dann gibt es da noch dieses sonderbare Phänomen, dass Menschen Brillen, Uhren und sogar Taschen anziehen. Und das alles ohne Magnetismus!

Es war mal wieder typisch hamburgisches Wetter: Strahlend blauer Himmel und gleißender Sonnenschein. An solchen Tagen wimmelt es am Hafen nur so von Touristen: Franzosen und Spanier, Schweizer und Dänen, Schwaben und Franken, sogar Bayern und US-Amerikaner. Man hört die unterschiedlichsten Sprachen und Dialekte. Vor den Landungsbrücken sprach mich eine junge Frau an und fragte, ob ich wohl ein Foto von ihr und ihrem Freund machen könne. »Selbstverständlich«, erwiderte ich, »es wird mir ein Vergnügen sein!« Sie reichte mir die Kamera und stellte sich zu ihrem Freund. Das erste Foto schien mir schon recht gelungen, aber ich wusste, dass es noch besser geht: »Könnten Sie vielleicht die Sonnenbrillen abnehmen?« – »Kein Problem!« Die Frau setzte die Brille ab, und da ihr Freund es ihr nicht sofort gleichtat, stieß sie ihn an und rief: »Los, zieh die Sonnenbrille aus!«

Ich stutzte: Hatte ich richtig gehört? »Haben Sie gerade gesagt, er soll die Brille *ausziehen*?«, fragte ich sicherheitshalber nach. »Ja!«, erwiderte sie achselzuckend, »das hatten Sie doch vorgeschlagen?« Da gab es nur zwei Möglichkeiten: Entweder handelte es sich bei der Brille ihres Freundes um eine Detektiv-Sonnenbrille mit Teleskop-Bügeln, die man auf eine Länge von bis zu einem Meter ausziehen kann – oder die beiden kamen von einem fremden Planeten und sprachen eine seltsame Sprache. »Ich bin mir sicher, dass ich mich anders ausgedrückt habe. Ich würde nie von jemandem verlangen, eine Brille *ausszuziehen*!«, stellte ich klar. Da erwiderte sie lachend: »Machen Sie sich nichts draus, wir sind ausm Rheinland!« Das erklärte natürlich alles.

Anderntags begann ich, der Sache auf den Grund zu gehen und ein paar Recherchen zum Thema An- und Ausziehen anzustellen. »Dabei helfe ich gern!«, bot mein Freund Henry begeistert an und erklärte auch gleich, wie er sich das vorstellte: »Du nimmst dir den neuesten Barbie-Katalog vor und ich mir den ›Playboy‹ …«
Ich nahm mir stattdessen lieber den Duden-Band 9 über »Richtiges und gutes Deutsch« vor, fand darin aber weder zu »Anziehen« noch zu »Ausziehen« einen Eintrag. Offenbar bereitet das An- und Ausziehen in sprachlicher Hinsicht wenig Probleme. Bemerkenswert ist zunächst, dass man sowohl Bekleidungsstücke als auch sich selbst anziehen kann. Indem man sich eine Hose und ein Hemd anzieht, zieht man sich selbst an. Und genauso kann man sich selbst gleichzeitig mitsamt seiner Kleidung auch wieder ausziehen. So wie in dem Lied von Hildegard Knef, das vom Leben einer Stripperin erzählt: »Ich zieh mich an – und langsam aus«. Hildegard Knef trug übrigens gern große, auffällige Sonnenbrillen. Das ist bekannt. Weniger bekannt ist, ob die Knef die Brillen an- und langsam wieder auszog. Möglich, dass sie bestimmte Brillen geradezu magisch anzog wie ein Magnet, aber als Berlinerin wird sie diese schön brav »uff« ihre »Nese« »jesetzt« haben und nicht etwa »uff« dieselbe »jezogen«.

Der hochdeutsche Sprachstandard lässt das An- und Ausziehen nur in Hinsicht auf Kleidung zu. Einschließlich der Schuhe, was sogar zum geflügelten Wort wurde: »Diesen

Schuh ziehe ich mir nicht an!« So einen Satz wird man freilich niemals in einem Film zu hören bekommen, in dem Sarah Jessica Parker die Hauptrolle spielt. Die zieht sich bekanntlich jeden Schuh an, solange er nur teuer genug ist. Unsereiner zieht Hosen, Hemden und T-Shirts an, gelegentlich auch mal einen Anzug; weshalb selbiger so genannt wird.

Doch schon beim Schal wird es kompliziert. In der Aufzählung fällt der Schal vielleicht nicht weiter auf: »Er zog sich Mantel, Schal und Handschuhe an.« Doch wenn es um den Schal allein geht, ist es eher üblich, von »umlegen« und »abnehmen« als von »anziehen« und »ausziehen« zu sprechen.

Bei den sogenannten Accessoires ist mit der Anzieherei im Standarddeutsch nämlich Schluss. Accessoires, auf Deutsch auch »Zubehör« genannt (zumindest in der Generation Playmobil), sind schmückende, zum Teil nützliche, zum Teil gänzlich unpraktische, dafür aber umso teurere Gegenstände wie Gürtel, Tücher, Krawatten, Mützen und Taschen. Diese werden standardsprachlich nicht an- und ausgezogen, sondern – je nach Accessoire – umgeschnallt, umgelegt, angesteckt, umgehängt, umgebunden oder aufgesetzt.

Doch was wäre die standardsprachliche Regel ohne die regionalsprachliche Ausnahme? In einigen Landstrichen der Republik, vor allem im Westen, zieht man nicht nur Kleidung an, sondern auch Brillen, Mützen und Krawatten.

Die Saarländer zum Beispiel ziehen Mützen an und Brillen aus, und es hat keinen Sinn, ihnen zu erklären, dass es im Falle der Brille »abnehmen« heißen müsse, weil die Saarländer das Wort »nehmen« nicht kennen.*

Beim An- und Ausziehen macht die Regionalsprache auch vor Uhren und Schmuck nicht halt. Standardsprachlich werden Armbanduhren »um- und abgebunden«, norddeutsch auch gern »um- oder abgemacht« (»Vergiss nicht, vor dem Baden die Uhr abzumachen!«) – in anderen Gegenden aber auch »angezogen«. Ebenso kann man gelegentlich hören, wie jemand darüber klagt, dass er seinen Ehering nicht mehr ausziehen könne. Und was ist mit dem Kopftuch? Kann man das ebenfalls an- und ausziehen? Diese Frage habe ich in der sogenannten Kopftuchdebatte bislang vermisst!

* Siehe hierzu auch: »**Wo holen seliger denn nehmen ist**« (»Dativ«-Band 4)

In einem Internetforum stellte jemand die Frage, ob man unter einer Taucherbrille »auch eine Brille anziehen« könne. Er bekam darauf zahlreiche Ratschläge. Einer lautete: »Es gibt Taucherbrillen mit Sehstärke. Eine normale Brille kannst du aber nicht drunter anziehen. Am einfachsten sind Kontaktlinsen!« Ich hätte gern gewusst, ob man die Kontaktlinsen ebenfalls »anziehen« kann. Meine Assistentin, die aus Mönchengladbach stammt, bestätigte mir: »Selbstverständlich kann man Kontaktlinsen anziehen!« Als sie als Studentin nach Hamburg kam, musste sie erst einmal lernen, dass man Brillen aufsetzt und abnimmt, dass man Ringe ansteckt und abzieht, Uhren um- und abbindet, Schmuck an- und ablegt. In ihrer Heimat brauchte man für all dies komplizierte An- und Abgetüdel nur zwei Wörter: anziehen und ausziehen. Sie findet auch heute noch, dass das doch viel praktischer sei. Statt sich einen Gürtel umzuschnallen, eine Brille aufzusetzen und einen Schal umzubinden, würde sie einfach Gürtel, Brille und Schal anziehen, das gehe doch viel schneller. Wo sie Recht hat, hat sie Recht.

Ich werde sie demnächst auf einen Tauchlehrgang schicken. Dann kann sie mir berichten, wie es ist, mit angezogenen Kontaktlinsen eine Taucherbrille anzuziehen.

Weiteres zu regionalsprachlichen Besonderheiten:

»Wie die Sprache am Rhein am Verlaufen ist« (»Dativ«-Band 2)
»Das Schönste, wo gibt« (»Dativ«-Band 3)
»Ich hab noch einen Koffer in Berlin zu stehen« (»Dativ«-Band 4)
»So schnackt der Norden« (»Dativ«-Band 4)

Kompliziertes Hochdeutsch	Unkomplizierte Regionalsprache (Niederrhein, Rheinland, Saarland u. a.)
Armbanduhr umbinden, anlegen/ Armbanduhr abbinden, ablegen	Armbanduhr anziehen/Armbanduhr ausziehen
Brille aufsetzen/Brille absetzen, auch: abnehmen	Brille anziehen/Brille ausziehen
Gürtel umschnallen, umbinden, umlegen/Gürtel abschnallen, ablegen, abnehmen	Gürtel anziehen/Gürtel ausziehen
Hut aufsetzen/Hut abnehmen	Hut anziehen/Hut ausziehen
Kopftuch umbinden/Kopftuch abnehmen	Kopftuch anziehen/Kopftuch ausziehen
Krawatte umlegen, umbinden/ Krawatte ablegen, abbinden, abnehmen	Krawatte anziehen/Krawatte ausziehen
Maske aufsetzen, überziehen/ Maske absetzen, abnehmen, abstreifen	Maske anziehen/Maske ausziehen
Mütze aufsetzen/Mütze absetzen, abnehmen	Mütze anziehen/Mütze ausziehen
Ohrringe anlegen, anstecken/ Ohrringe ablegen, abnehmen	Ohrringe anziehen/Ohrringe ausziehen
Ring an (den Finger) stecken, auf den Finger schieben, Ring auf oder über den Finger ziehen, streifen/Ring abnehmen, abziehen, abstreifen	Ring anziehen/Ring ausziehen
Schal umlegen, umbinden, umwickeln/Schal ablegen, abnehmen	Schal anziehen/Schal ausziehen
Schmuck umlegen, anlegen/ Schmuck ablegen, abnehmen	Schmuck anziehen/Schmuck ausziehen
Tasche umhängen/Tasche ablegen, abnehmen (je nach Art der Tasche sind verschiedene Verben möglich: die Umhängetasche wird umgehängt oder übergeworfen, die Handtasche übers Handgelenk oder den Arm gehängt, die Bauchtasche um den Bauch gebunden oder geschnallt)	Tasche anziehen/Tasche ausziehen (die Art der Tasche spielt keine Rolle)

Liebling, Was Wird Nun Aus Uns Beiden?

Pump Up Your Letters! Es Regiert Die Allwortgroßschreibung! So machen es iTunes und Amazon vor. Aber nicht mit mir! Wer sich darüber aufregt, dass alle Anfangsbuchstaben in deutschen Liedertiteln großgeschrieben werden, der findet in dieser Kolumne einen Seelenverwandten.

Sie wollen wissen, was ich in meiner Freizeit mache? In meiner Freizeit zupfe ich an meinen Balkongeranien (ca. zehn Minuten täglich), lese die Zeitung (ca. zwanzig Minuten täglich) und pflege mein digitales Musikarchiv (ca. vier Stunden täglich). Vor einem Jahr bin ich von Windows auf Apple umgestiegen, habe mir einen iPod zugelegt und mich bei iTunes registriert. Dann fing ich an, meinen CD-Bestand in meinen Computer einzulesen. Dabei verbindet sich der Rechner automatisch mit einer Datenbank namens »Gracenote«. Von dort ruft er die Daten ab, die zu der CD gehören, und wenige Augenblicke später erscheinen der Name des Interpreten, der Name des Albums und sämtliche »Tracks« – also Liedertitel – in der Maske auf meinem Bildschirm. Es könnte alles so einfach sein und würde mir nicht so viele Stunden Zeit abverlangen, wenn – ja, wenn ich nicht so ein Perfektionist wäre. Und wenn die Liedertitel bei der »Gracenote Media Database« in korrekter Orthografie gespeichert wären. Sind sie aber nicht.

iTunes und andere Musikanbieter liefern deutschsprachige Titel fast ausschließlich mit kapitalen Anfangsbuchstaben:

»Er Gehört Zu Mir«
»Du Machst Mir Noch Mein Herz Kaputt«
»Schau Mich Bitte Nicht So An«

»Da Ist Eine Zeit Zu Lachen Und Zu Leben«
»Nein, Es Tut Mir Nicht Leid«

Das kannte man bislang von englischsprachigen Liedern (»I Want To Hold Your Hand«, »My Heart Will Go On«) und hat es achselzuckend hingenommen. Wobei es selbst bei englischsprachigen Produktionen nicht immer gleich gehandhabt wurde und wird: Auf diversen Alben findet man die Artikel »a« und »the« sowie Präpositionen wie »of«, »in« oder »at« in kleingeschriebener Version, und so kommt es zu ungleichen Paaren wie »Strangers in the Night« und »Candle In The Wind«. Die Angelsachsen mögen ihre Lieder buchstabieren, wie sie wollen. Doch in Deutschland gelten andere Regeln – nämlich die der deutschen Orthografie. Und die hat niemals vorgesehen, dass Liedertitel durchgehend mit großen Anfangsbuchstaben geschrieben werden. Die Allwortgroßschreibung erscheint für deutsche Augen ungewohnt und wirkt deswegen nicht harmonisch, sondern aggressiv: Die Wörter Schreien Einen Geradezu An!

Darüber hinaus verstärkt die Allwortgroßschreibung die heute ohnehin schon starke Verunsicherung in Bezug auf unsere Schriftsprache. Wenn ein außenstehender Betrachter sieht, dass in E-Mails offenbar jedes Wort kleingeschrieben werden darf, während in Liedertiteln alles großgeschrieben wird, muss er zu dem Schluss kommen, dass es nicht nur eine Rechtschreibung gibt, sondern mehrere, die sich je nach Medium unterscheiden.

Zuletzt schob ich eine CD mit Liedern von Johannes Heesters in meinen Rechner. Als der Titel »Liebling, was wird nun aus uns beiden« in meiner iTunes-Maske als »Liebling, Was Wird Nun Aus Uns Beiden« erschien, dachte ich: »Liebes Land, was wird nur aus deiner Rechtschreibung?«

Nun mag manch einer denken: »Das Ist Doch Halb So Schlimm« – mich aber lässt es nicht kalt. In meinen Augen ist die Allwortgroßschreibung weder zeitgemäß noch praktisch oder schick, sondern einfach nur lästig. Außerdem bedeutet sie eine weitere Kapitulation der deutschen Sprachkultur vor der amerikanischen Übermacht. Den Anbietern solcher Datenbanken sind derlei Überlegungen vermutlich herzlich egal. Deutschsprachige Titel stellen in der Gesamtmasse aller gespeicherten Musiktitel eine verschwindend kleine Menge dar. Aber dieses Problem betrifft ja nicht nur die deutschsprachige Musik: Auch französische, italienische, niederländische und schwedische Lieder werden mit großen Initialen geliefert. Und von diesen Sprachen weiß ich mit Sicherheit, dass sie noch nicht einmal die Großschreibung von Hauptwörtern kultivieren. Das ist eine (von vielen oft verwünschte) deutsche Einzigartigkeit.

Wie kommen iTunes, Amazon und andere Musikanbieter überhaupt zu ihren digitalen Angaben? Werden Millionen einzelner CD-Listen, so wie einst die deutschen Telefonbücher, irgendwo in China oder Indien von billigen Arbeitskräften Titel für Titel, Wort für Wort abgetippt? Wahrscheinlicher ist doch, dass die Daten von den deutschen Plattenfirmen gleich mitgeliefert werden. Und dass die Verursacher der Großschreibsucht nicht in den Firmenzentralen irgendwelcher amerikanischer Großkonzerne, sondern im eigenen Land sitzen.

Ich stelle mir das ungefähr so vor: Eines Tages klingelte es wieder mal im Büro des Geschäftsführers eines großen deutschen Tonträgerkonzerns. »Was gibt's?« – »Ich bin's, Chef, der Dateneingabe-Aushilfsstudent! Ich hab da mal eine Frage: Hier ist ein Lied mit dem Titel ›Die Männer im allgemeinen‹. Auf der CD steht ›im allgemeinen‹ klein, aber seit der Rechtschreibreform schreibt man ›im Allgemeinen‹ ja groß. Das Lied stammt allerdings noch aus der Zeit vor der Rechtschreibreform. Was soll ich nun machen?« Chef (schäumend): »Das ist mir doch egal! Was interessiert mich die Rechtschreibreform? Was interessiert mich überhaupt die Rechtschreibung? Wir Schreiben Hier Ab Sofort Jeden Anfangsbuchstaben Groß, So Wie's Die Amerikaner Machen, Und Damit Basta!«

Ein historischer Beschluss mit weitreichenden Konsequenzen. Die meisten deutschen Musikredaktionen haben es klaglos geschluckt und stellen deutsche Alben und Lieder mit großen Initialen vor. Egal ob aktuelle Popstücke oder traditionelles Liedgut – von der Allwortgroßschreibung bleiben auch »Leise Rieselt Der Schnee« und »Horch Was Kommt Von Draußen Rein« nicht verschont. Filmverleihe und Programmredaktionen werden eines Tages gleichziehen und Fernseh- und Kinofilme mit großen Initialen ankündigen:

20:15, ZDF: »Spiel Mir Das Lied Vom Tod«
23:00, ARD: »Denn Sie Wissen Nicht, Was Sie Tun«

Am Ende werden auch Feuilleton und Buchverlage einknicken. Ich sehe schon mein nächstes Buch vor mir: »Die Datenbank Ist Der Rechtschreibung Ihr Tod«.

In diesem Zusammenhang darf ein weiterer Hinweis nicht fehlen: Nur allzu oft verwechseln die emsigen Dateneingeber den Apostroph mit dem Akzent. Das Zeichen für den Apostroph ist nicht ´, sondern ’. Es heißt also nicht: »Heut´ Abend hab´ ich Kopfweh«, sondern allenfalls »Heut’ Abend hab’ ich Kopfweh«. Im Übrigen kann man auf beide Apostrophe ganz verzichten. Damit hätte man das Kopfwehrisiko schon mal um die Hälfte gemindert. Dass der Akzent kein Apostroph ist, gilt übrigens in allen Sprachen: Der französische Chansontitel »Je N´sais Même Plus De Quoi J´ai L´air« wird in Wahrheit so geschrieben: »Je n' sais même plus de quoi j'ai l'air«.

Ich bin sicher, dass ich in unseren Nachbarländern zahlreiche Verbündete habe. Dass es ebenso Franzosen und Niederländer gibt, die über die absurde Titelgroßschreibung und Apostrophverwechslung klagen und diese nicht widerspruchslos hinzunehmen bereit sind. Neben der Verunstaltung der Orthografie verbindet uns noch ein weiteres Merkmal: Wir sind die Kulturen, deren landeseigenes Liedgut von internationalen Datenbanken meist als »World« verschlagwortet wird. Bei Briten und Amerikanern wird zwischen »Pop«, »R&B«, »Rock«, »Singer/Songwriter«, »Vocal«, »Jazz«, »Dance« und »Country« unterschieden – was wir Deutschen, Franzosen, Schweden, Italiener, Niederländer, Schweizer und sonstigen Europäer produzieren, wird oft schlicht und einfach unter dem Genre »World« zusammengefasst. Ich kann mich noch gut daran erinnern, wie sehr ich mich darüber wunderte oder amüsierte, wenn ich im Plattengeschäft Sänger aus anderen Ländern in dem Fach »Weltmusik« wiederfand. Nun sind wir selbst dort gelandet! Das verbindet Edith Piaf mit Helene Fischer. Und Eros Ramazzotti mit Patrick Lindner: Sie machen Weltmusik. Was nicht heißt, dass sie Musik für alle Welt machten. Bei »Weltmusik« dachte man früher an karibisches Getrommel, an Panflötenformationen aus den Anden, an indische Raga-Klänge und an russische Militärkapellen. Heute bedeutet Weltmusik: alles, was nicht englischsprachig ist. Und die deutschen Musiker können noch dankbar sein, wenn sie als »Weltmusik« eingestuft werden. Bei vielen CDs heißt es nämlich einfach »Genre: Unclassifiable«.

Also sitze ich da, Stunde um Stunde, und bringe die Titel in eine für mich akzeptable Orthografie, ergänze fehlende Jahresangaben und pflege Coverbilder ein. Es gibt sicherlich sinnvollere Arten, sich in seiner Freizeit zu beschäftigen. Aber wer hat behauptet, Freizeit sei dazu bestimmt, mit Sinn gefüllt zu werden? Inzwischen bin ich mit meiner Arbeit fast am Ende angelangt: Der Stapel der noch hochzuladenden CDs ist auf ein kleines Häufchen zusammengeschrumpft. In Kürze werde ich mir eine neue Freizeitbeschäftigung suchen müssen. Meine Balkongeranien zittern schon vor Angst!

Tanke? Nein danke!

Während sich Politiker und Beamte alle Mühe geben, die Sprache aufzublähen und zu verkomplizieren, findet im Sprachalltag ein genau entgegengesetzter Prozess statt: Die Sprache wird vereinfacht. Die Denkweise wird zur Denke, die Sprechart zum Sprech.

Auf Facebook findet man viele Freunde, und jeder pflegt seinen eigenen Schreibstil. »Tolles Foto, Niki«, kommentiert eine Freundin, »du siehst total süüüß aus!« Niki bleibt cool und antwortet: »Auf dem Pic hab ich aber noch die alte Frise!« – »Frise« für Frisur – das kannte ich noch nicht. Da stehen mir vor Begeisterung die Haare zu Berge! »Frise« ist vielleicht nur ein weiterer Plastikbecher auf dem Müllberg der Sprachdeponie, aber immerhin noch nicht ganz so verbraucht wie andere fetzige Wörter.

Schon in den achtziger Jahren war es schick, statt von »Musik« einfach von »Mucke« zu sprechen: »Ey, total geile Mucke!«, hieß es anerkennend, wenn jemand eine LP mit Musik aufgelegt hatte, die richtig rockte. Oder: »Die Mucke geht echt voll ab!« Die Mucke-Hörer von damals sind längst erwachsen, was aber nicht bedeutet, dass alle dem Jugendjargon entwachsen wären. Noch heute lässt sich bei vielen Menschen ein Hang zur Simplifizierung beobachten. Man verwendet Kurzwörter, die wie hingerotzt klingen, um besonders lässig zu wirken. So mancher Student geht zum Tanzen nicht in die Diskothek, sondern »in die Disse«. Schließlich will er eines Tages doch seine Dissetation machen! Und Schüler verschicken auch schon mal »'ne Simse« anstelle einer SMS.

Als mich mein Freund Philipp zu einer Spritztour in seinem neuen Audi TT mitnahm, sagte er mit Blick auf den Benzinstandanzeiger: »Wir müssen noch schnell zur Tanke!« Philipp ist mittlerweile auch schon jenseits der vierzig, sodass man sehr viel guten Willen aufbringen muss, um ihm das noch als »Jugendjargon« durchgehen zu lassen. Dafür regt sich Philipp über die Jüngeren auf, die zum Teil nur noch elliptische Sätze herausbringen wie: »Ich fahr Tanke!« Philipp ist Journalist und hat, wie er findet, eine »flotte Schreibe«. Damit meint er seinen Schreibstil. Meine »Denke« sei manchmal ganz schön verdreht, sagt er. Ich denke, mit »Denke« meint er meine Denkweise.

Als ich zuletzt bei Philipp und seiner Freundin Maren zum Essen eingeladen war, sagte ich anerkennend: »Du hast eine flotte Schreibe, und Maren hat eine tolle Koche! Das ist die perfekte Mische!« Philipp stutzte, dann erwiderte er lachend: »Und du hast hoffentlich eine gute Verdaue, denn es gibt noch Nachtisch!«

Mein Freund Henry hätte weniger Nachsicht. Er brachte seine Einstellung zur umgangssprachlichen Verkürzung einmal auf folgende Formel: »Coole Denke, flotte Schreibe – Scheißsprech!« Das klingt fast wie ein Werbespruch und führt uns direkt zur nächsten »Verkürze«: In der Welt der Werbung spielen »Präsentationen« eine wichtige Rolle. Einige Werber benutzen die verkürzte Form »Präse«. Was für die einen moderner Werbesprech ist, klingt für empfindlichere Ohren eher geschmacklos. Und es ist prädestiniert, um Missverständnisse zu erzeugen: »Anne, hast du meine Präse gesehen? Ich habe sie doch hier vorhin auf den Tisch gelegt!« – »Ob ich deine … was? Lässt du deine Präservative jetzt schon offen herumliegen? Was sollen denn die Kinder denken?«

Viele Leute beschäftigen in ihrem Haushalt eine »Putze«. Zur vollen »Putzkraft« hat's offenbar nicht gereicht. Es ist vielleicht scherzhaft oder locker gemeint, klingt aber abschätzig und ist nicht besser als Tippse oder Saftschubse. Das Wort »Putze« kommt bei mir nicht vor, es sei denn, ich »putze« selbst.

Zu seinem 45. Geburtstag werde ich Philipp einen Autoaufkleber schenken: »Zur Tanke? Nein danke!« wird darauf stehen. Darüber wird er sich bestimmt freuen wie Hulle. Die Sache ist schon in der Mache!

Weiteres zu Aspekten der Umgangssprache:

»Es macht immer Tuut-Tuut!« (»Dativ«-Band 3)
»Bei zuen Gardinen und ausem Licht« (»Dativ«-Band 4)
»Quatsch mit so Soße« (»Dativ«-Band 4)
»Der Chef ist auf Termin« (in diesem Buch auf S. 46)

Abkürze	Vollständige Bedeutung
Bediene	Bedienung, Anleitung, Angebot
Brülle	laute Stimme, lauter Gesang
Denke	Denkweise, Denkart
Disse	Diskothek, Tanzlokal
Fahre	Fahrstil, Fahrweise
Frise	Frisur, Haarschnitt
Funke	Funkanlage, Funkverbindung
Grinse	Lächeln
Glotze	Fernsehapparat
Halte	Haltestelle
Kippe	Zigarette, Zigarettenstummel
Klapse	Klapsmühle (ugs. für psychiatrische Klinik)
Knipse	Fotoapparat
Mische	Mischung
Mucke	Musik
Mülle	Mülleimer, Mülltonne
Penne (von Pennäler)	Schule
Präse	Präsentation
Putze	Putzkraft, Reinigungskraft
Schalte	Schaltung (bei Rundfunk und Fernsehen)
Schreibe	Schreibstil, Schreibweise
Tanke	Tankstelle
Verkaufe	Handel, Verkauf
Wumme (lautmalerisch)	Schusswaffe
Zige, Zise, Zippe	Zigarette

Neue Wörter braucht das Land

Der Deutsche macht Ausflüge, hält Abstand, nutzt den Augenblick und lebt mit Leidenschaft. Und damit er das kann, mussten all diese Wörter erst mal erfunden werden. Bis dahin machte man Exkursionen, hielt Distanz, nutzte den Moment und lebte mit Passion.

Sagt Ihnen der Name Philipp von Zesen etwas? Wenn Sie den Kopf schütteln, dann wundert es mich nicht, denn dieser Philipp von Zesen ist den wenigsten ein Begriff. Dabei war er ein bedeutender Mann! Wenn ich ihm begegnet wäre, hätte ich meinen Hut vor ihm gezogen. Zwar habe ich gar keinen Hut, aber im 17. Jahrhundert hätte ich bestimmt einen getragen. Da nämlich lebte Philipp von Zesen. Oder Ritterhold von Blauen, wie er sich auch nannte. Das war sein Pseudonym.

Er war Schriftsteller und Kirchenlieddichter und als solcher von mäßigem Glanz. Überragend waren seine Leistungen auf anderem Gebiet: Philipp von Zesen war ein genialer Erfinder! Allerdings hat er keine Maschinen oder Flugapparate erfunden, sondern etwas anderes, etwas, das die Deutschen mindestens ebenso nötig brauchten wie technischen Fortschritt: Wörter. Deutsche Wörter, die es bis dato noch nicht gab – und die heute aus unserer Sprache gar nicht mehr wegzudenken sind. Scheinbar simple Wörter wie »Abstand« und »Anschrift«. Die gab es vor Philipp von Zesen noch nicht. Man kannte nur die lateinischen Wörter »Distanz« und »Adresse«. Philipp von Zesen verdanken wir ferner das Wort »Augenblick« (für den lateinischen »Moment«), die »Bücherei« (neben der »Bibliothek«), den »Kreislauf« (für die »Zirkulation«) und den »Entwurf« (für das »Projekt«). Den lateinischen »Autor« machte er zum »Verfasser«, den »Parvenu« zum »Emporkömmling« und die »Passion« zur »Leidenschaft«. Kaum zu glauben: Vor Philipp von Zesen kannten die Deutschen keine Leidenschaft! Wie trostlos muss es da gewesen sein! Ohne Philipp von Zesen hätten wir außerdem kein Weltall, sondern nur ein Universum, keine Mundarten, sondern nur Dialekte, kein Glaubensbekenntnis, sondern nur ein Credo, und keinen Freistaat, sondern nur die Republik.

Einige seiner Vorschläge haben sich allerdings nicht durchsetzen können. Für die »Pistole« (aus tschechisch *pistala*) ersann er das kuriose Wort »Meuchelpuffer«, und das Fenster (das ja lateinischen Ursprungs ist: *fenestra*) sollte durch das Wort »Tageleuchter« ersetzt werden. Aus »Elektrizität« erzeugte er das phänomenale Wort »Blitzfeuererregung«, und den »Harem« wollte er zum »Weiberhof« machen. (Das wäre spätestens von der Emanzipation wieder kassiert worden.) Eine seiner kuriosesten Schöpfungen liegt noch immer im ungeöffneten Sarkophag der Sprachgeschichte: Für das ägyptisch-arabische Wort »Mumie« ersann er das deutsche Wort »Dörrleiche«. Die Filmgeschichte wäre mit Titeln wie »Der Fluch der Dörrleiche« oder »Die Dörrleiche kehrt zurück« sicherlich anders verlaufen!

Von eingeschränktem Erfolg war seine Wortschöpfung für das »Komma«: Der »Beistrich« ist allenfalls in Österreich bekannt. Dafür wurde sein Vorschlag für die Eindeutschung des griechischen Wortes »Orthographie« ein Knüller: Philipp von Zesen prägte das Wort »Rechtschreibung«. Allein dafür sollte ihm ein Monument errichtet werden. Oder besser: eine Gedenksäule.

In Hamburg, wo Philipp von Zesen über vierzig Jahre seines Lebens verbrachte und 1689 starb, gibt es immerhin eine Zesenstraße. Aber es gibt in ganz Deutschland nicht eine ein-

zige Schule, die nach Philipp von Zesen benannt wäre. Dafür gibt es in Berlin ein John-Lennon-Gymnasium.

Der wortschöpferische Geist Philipp von Zesens lebt zum Glück noch heute fort, zum Beispiel in der von der Stiftung Deutsche Sprache ins Leben gerufenen »Aktion lebendiges Deutsch«. Mit dem Unterschied, dass die Anstrengungen der heutigen Erfinder sich nicht gegen lateinische, arabische oder französische Fremdwörter richten, sondern gegen englische. Und davon gibt es, wie wir alle wissen, inzwischen mehr als genug in unserer Sprache.

Viele der Vorschläge dieser »Aktion lebendiges Deutsch« muten im ersten Augenblick seltsam an, aber das taten Philipp von Zesens Vorschläge seinerzeit genauso. Es ist letztlich alles nur eine Frage der Gewöhnung. Man kann sich mit den englischen Begriffen abfinden, aber man kann auch das Wagnis eingehen, sich auf neue deutsche Wörter einzulassen. Warum nicht? Die Zukunft wird entscheiden, was davon zu gebrauchen ist und was nicht. Denken Sie mal über den Vorschlag nach, statt »Airbag« das Wort »Prallkissen« zu verwenden. Oder anstelle von Standby »Standstrom«. Probieren Sie statt »Fastfood« einmal »Schnellkost« und anstelle von »Timing« das Wort »Zeitwahl«. Ein »Jackpot« könnte »Glückstopf« heißen, für »Display« kann man »Sichtfeld« sagen und für »No-go-Area« kurz, bündig und selbsterklärend: »Meidezone«.

Das Verrückte ist ja, dass es für viele englische Wörter schon längst deutsche Entsprechungen gab. Die gerieten nur in Vergessenheit – weil sie nicht »hip« oder »trendy« waren. Zum »Blockbuster« sagte man früher »Straßenfeger«, ein »Global Player« war ein »Weltkonzern«, und wer eine Sache »toppen« wollte, der konnte versuchen, sie zu »übertreffen«. Die »Headline« war früher eine »Schlagzeile« und der »Contest« ein »Wettbewerb«. Zum »Service Point« sagte man »Auskunft«, und der »Counter« war ein »Schalter«. Eigentlich ganz einfach. Selbst für den lästigen »Stalker« gab es schon das griffige Wort »Nachsteller«. Man hätte es gar nicht auf Englisch nachstellen müssen.

Als in den neunziger Jahren das Wort »Laptop« aufkam, wusste ich gar nicht, was das eigentlich bedeutet. Anfangs habe ich es auch falsch geschrieben, nämlich mit einem »b«, weil ich mir einbildete, es hätte etwas mit »Labora«, also mit Arbeit zu tun. »Lap« mit »p« ist aber das englische Wort für den Schoß, und »Top« – nun, das bedeutet Spitze, Oberteil, Aufsatz. Ein Laptop ist also – wörtlich übersetzt – ein Schoßaufsatz. Wenn man sich das einmal klargemacht hat, kann man das Wort Laptop kaum noch ernst nehmen. Die Briten und Amerikaner sagen deshalb auch lieber »Notebook« dazu. Aber unter einem »Notizbuch« verstehen die Deutschen etwas anderes. Die »Aktion lebendiges Deutsch« macht sich daher für ein anderes Wort stark, das der Funktion des Gerätes viel eher gerecht wird: Klapprechner. Und klappt man ihn zu, dann läuft er mit Standstrom. Alles, was man braucht, ist ein bisschen Vorstellungskraft – den Rest besorgt die Gewöhnung.

Wenn man mich fragt, ob ich glaube, dass sich das Deutsche auf lange Sicht neben der Übermacht des Englischen behaupten kann, erwidere ich: Und ob! Ich selbst bin übrigens auch ein Klapprechner: Ich rechne fest damit, dass es klappt!

Weiteres zu Anglizismen:

»Leichensäcke aus dem Supermarkt« (»Dativ«-Band 1)
»Er designs, sie hat recycled, und alle sind chatting« (»Dativ«-Band 1)
»Falsche Freunde« (»Dativ«-Band 2)
»That's shocking!« (»Dativ«-Band 3)
»Deutsch strikes back!« (»Dativ«-Band 3)
»Was meint eigentlich Halloween?« (»Dativ«-Band 4)

Mumpitz, Kinkerlitzchen und Firlefanz

Nicht nur Literaten und Gelehrte haben neue Wörter erschaffen. Eine ebenso munter sprudelnde Quelle war seit je der Volksmund. Als besonders einfallsreich erwies er sich im Erfinden von Ausdrücken für Unsinn, Verrücktheit und überflüssigen Kram.

Manchmal höre oder lese ich irgendwo ein drolliges Wort, das wie ein Relikt aus einer längst vergangenen Zeit erscheint. Dann fühle ich mich wie ein Flohmarktbesucher, der beim Stöbern plötzlich ein Einzelstück von seltener Schönheit erblickt. Es ist ein Wort, das ohne jede Verwandtschaft scheint und dessen Herkunft rätselhaft ist. Wenn man der Sache auf den Grund geht, kommt oftmals eine verblüffende Geschichte zum Vorschein. Im Folgenden sind meine vierzehn Lieblingswörter dieser Art versammelt, beschrieben und erklärt.

Firlefanz (m.) reimt sich auf Tanz, und das aus gutem Grund, denn es bezeichnete im 14. Jahrhundert einen närrischen Tanz. Das Wort entstand durch Übernahme des altfranzösischen »virelai«, das Ringellied bedeutet. Daraus wurde im Deutschen zunächst »firelei« und »firlefei«, dann in Anlehnung an »Tanz« und »Alfanz« (= Possen, Gaukelei) schließlich Firlefanz. Die Bedeutung wurde im Laufe der Zeit von der verrückten Hüpferei ausgedehnt auf Unsinn, Albernheit, Flitterkram und Tand.

Halligalli (m.) bezeichnet heute ein ausgelassenes Treiben, ein fröhliches Miteinander. Seine englische Herkunft sieht man dem Wort dank konsequenter Eindeutschung nicht mehr an. Der Hully Gully war ein Modetanz der sechziger Jahre ohne Körperkontakt, dessen Wurzeln in der schwarzen Musikszene der Südstaaten liegen. Der Name seinerseits geht auf ein einfaches Spiel zurück, bei dem man raten ließ, wie viele Nüsse oder Kerne man in seiner Faust hielt. Dazu stellte man die Frage: »Hully Gully, how many?«

Was haben Zellophan, Klettverschluss und **Kauderwelsch** (s.) gemeinsam? Sie stammen aus der Schweiz! Die Sprache der Bewohner des Rheintals von Chur war für ihre deutschsprachigen Nachbarn im Bündnerland und in Tirol seit jeher unverständlich. Jene sprachen nämlich Rätoromanisch. Das Romanische wurde im Deutschen auch »Welsch« genannt, und »Kauer« war der tirolerische Name für Chur. Das Welsch der Kaurer wurde im Laufe der Zeit als Kauderwelsch zum Inbegriff für eine unverständliche Sprache. Das tat dem Rätoromanischen zum Glück keinen Abbruch: Es wird heute immer noch von 35.000 Muttersprachlern gesprochen, existiert in fünf Varianten und liefert faszinierendes Material für sprachwissenschaftliche Studien.

Kinkerlitzchen (s.) steht für wertlosen Schmuck, alberne Ideen und überflüssige Extras. Es ist ein Mitbringsel der Hugenotten, die im 17. Jahrhundert aus Frankreich geflohen waren und sich in protestantischen Gegenden Deutschlands ansiedelten. Manch einer von ihnen eröffnete ein Geschäft für Eisenwaren, auf Französisch *quincaille* genannt. Der Volksmund machte durch Anhängen der Silbe -litz und der Verkleinerungsform -chen daraus Kinkerlitzchen. Die Bedeutung wandelte sich von nützlichen Eisenwaren über Kleinkram hin zu überflüssigem Zubehör. Die bekanntesten Kinkerlitzchen unserer Tage sind sogenannte Apps.

Kokolores (m.) klingt wie der Name einer mexikanischen Tänzerin oder einer tropischen Blume, bezeichnet aber tatsächlich nichts anderes als Unsinn, Unfug und überflüssige

Umstände. Wahrscheinlich geht es auf das mittelniederdeutsche Wort »gokeler« zurück, den Gaukler. Die Verbindung zur Gaukelei erklärt auch, wieso sich Kokolores und Firlefanz in der Bedeutung so sehr ähneln.

Lappalie (w.) ist eine unbedeutende Kleinigkeit, eine Nichtigkeit. Das Wort entstand im 17. Jahrhundert in Studentenkreisen als eine scherzhafte Verbindung aus dem deutschen Wort »Lappen« und der lateinischen Endung »-alia«, ähnlich zur »Personalie« und anderen amtlichen »Formalien«.

Larifari (s.) bedeutet oberflächliches Gerede, dummes Geschwätz und Unsinn. Sein melodischer Klang kommt nicht von ungefähr, denn Larifari besteht tatsächlich aus Musik: Die Silben la re fa re sind italienische Notennamen, wie man sie aus der gesungenen C-Dur-Tonleiter kennt: do re mi fa sol la si do. In früheren Zeiten stand »Lare fare« sinnbildlich für eine kirchliche Messe. Die heutige Bedeutung erklärt sich über »Trallala«: Silben, die nur gesungen werden und ansonsten keinen Sinn ergeben. Auf den Menschen übertragen, wurde Larifari auch zum Namen für den Hanswurst. »Kasperl Larifari« war der Name einer Figur in zahlreichen Puppenspielen des Münchner Dichters Franz Graf von Pocci und in einer Kinderbuchreihe des Autors Max Kruse.

Mumpitz (m.) bedeutet so viel wie »dummes Gerede«. Es entstand aus Zusammensetzung von »Mumme« (= Maske, verkleideter Mensch) und »Butz«, einer alten Bezeichnung für Kobolde und Poltergeister. Der Mumbutz oder Mombotz war eine furchteinflößende Gestalt, ein Schreckgespenst. Im 19. Jahrhundert gelangte das Wort in den Börsenjargon, wo es die Bedeutung »lügnerisches Gerede«, »Schwindel« annahm.

Heute ist von der ursprünglichen Schreckgestalt nur noch eine harmlose Dummschwätzerei geblieben.

Schabernack (m.) ist ein übermütiger Streich. Wer sich in früherer Zeit einen Unfug oder eine Beleidigung erlaubte, konnte dafür mit dem Abschneiden der Haare bestraft werden. Ein geschabter (das heißt: geschorener) Nacken war demnach ein Zeichen für eine begangene Missetat. Im 14. Jahrhundert war der »schavernac« außerdem eine Kopfbedeckung, die den kahlen Nacken vor Regen und Kälte schützte, eine Art mittelalterlicher Südwester. Während der Hut irgendwann aus der Mode geriet, ist die Bedeutung als Missetat geblieben, wobei sich diese über die Jahrhunderte zum mehr oder weniger harmlosen Streich aufweichte. Für einen Schabernack wird heute niemandem mehr der Nacken geschoren, höchstens noch der Kopf gewaschen.

Schabracke (w.) ist eine wenig schmeichelhafte Bezeichnung für eine nicht besonders attraktive, nicht mehr ganz junge Frau. Es kommt von »çaprak«, dem türkischen Wort für Satteldecke, das im Ungarischen zu »csábrák« wurde und von dort in den deutschen Sprachgebrauch gelangte. Satteldecken dienten zur Zierde und nicht selten auch dazu, die Magrigkeit eines Pferdes zu verbergen. So wurde das Wort Schabracke schon bald auf alte Gäule und Klepper übertragen. Da auch die aufwendigen Kleider des Menschen oft den Zweck erfüllen, gewisse Nachteile zu kaschieren, avancierte die Schabracke schließlich zum Schmähwort für unattraktive Vertreter des weiblichen Geschlechts. Daneben ist die Schabracke nach wie vor eine Pferdedecke, aber auch ein dekorativer Behang zum Verdecken von Gardinenleisten oder Sofafüßen sowie eine Bügeleinlage zur Versteifung von Hüten und Taschen. Wenn ein Innenausstatter einem Kunden rät, auf die Schabracke besser zu verzichten, ist damit in der Regel nicht die Ehefrau gemeint.

Der **Scharlatan** (m.) ist ein Aufschneider, ein Schwätzer und Schwindler. Die italienische Stadt Cerreto war einst berüchtigt für ihre durchs Land ziehenden Händler, die mit marktschreierischen Methoden allerlei Arzneien und (meist wirkungslose) Wundermittel an den Mann zu bringen versuchten. So wurde der Händler aus Cerreto, der »cerretano«, zum Inbegriff für Quacksalberei. Daraus entwickelten sich die Wörter »ciarlare« (= schwatzen) und »ciarlatano«, der Schwätzer, der über das Französische (»charlatan«) seinen Weg ins Deutsche fand.

Schisslaweng (m.) hat keinesfalls mit Angst oder Ausscheidungen zu tun. Der Ursprung dieses Wortes, das sich im 18. Jahrhundert im Berliner Raum ausbreitete, ist möglicherweise französisch. Einige erklären es als Verballhornung von »ainsi cela vint«, was »so also war das« bedeutet, andere führen es auf »c'est le vent« zurück, zu Deutsch: »Das ist bloß der Wind!« Insofern dürfte es zunächst für ein Gerücht, für eine unbewiesene Tatsachenbehauptung gestanden haben. Später wurde aus dem Schisslaweng das Extra, das einer Sache den besonderen Pfiff verlieh, zum Beispiel eine Feder an einem Damenhut, eine Sahneverzierung auf einer Torte oder ein schwungvoller Strich unter einer Unterschrift.

Ein **Techtelmechtel** (s.) ist eine Liebelei, eine Liebschaft. Das Wort entstand im 18. Jahrhundert in Österreich, vermutlich durch Übernahme des italienischen »teco meco«, das »ich mit dir, du mit mir« bedeutet und für eine Verabredung unter vier Augen steht. Die heutige Bedeutung beweist, dass es dabei oft nicht bei einer bloßen Verabredung blieb.

Ein **Tohuwabohu** (s.) ist ein Durcheinander, ein Chaos. Dieses seltsam anmutende Wort ist so alt wie die Bibel. Im hebräischen Urtext der Schöpfungsgeschichte wird die Welt als »tohû wa vohû« (1. Mos. 1, 2) beschrieben, als »Wüste und Leere«. Kinder richten in ihrem Zimmer gerne ein Tohuwabohu an, und es ist überaus sinnvoll, sie dieses selbst beseitigen zu lassen, denn so lernen sie, was es heißt, eine Welt zu erschaffen.

Weiteres zur Wortgeschichte:

»Woher stammt das Wort ›Puff‹?« (»Dativ«-Band 2)
»Kommt ›ausgepowert‹ aus dem Französischen?« (»Dativ«-Band 2)
»Warum heißt der Samstag auch Sonnabend?« (»Dativ«-Band 2)

Zu **»Fisimatenten«** siehe:
»Der mit dem Maul wirft« (»Dativ«-Band 4)

Fahne oder Flagge?

Frage einer Deutschlehrerin aus Venedig: Lieber Zwiebelfisch! Worin besteht bitte der Unterschied zwischen Flagge und Fahne? Ich habe einmal den Ausdruck »deutsche Flagge« gebraucht, als ich sie meinen Schülern in Italien vorstellte. Die deutsche Lektorin hat mir aber gesagt, »Fahne« sei vorzuziehen, »Flagge« sei falsch. Leider konnte sie dies nicht näher begründen. Darum wende ich mich nun an Sie und danke Ihnen schon vorab für Ihre Hilfe!

Antwort des Zwiebelfischs: Dass Sie mir aus Venedig schreiben, versetzt mich geradezu in flatterhafte Südlust! Dort wäre ich jetzt auch sehr gern! Stattdessen sitze ich hier am Schreibtisch, blättere in Wörterbüchern und konsultiere sogar das Grundgesetz. Die Frage, ob es zwischen Fahne und Flagge einen Unterschied gebe und ob das eine dem anderen vorzuziehen sei, ist ein Dauerbrenner! Gerade zur Fußballweltmeisterschaft wird sie immer wieder gestellt, weil viele Fußballanhänger gern wüssten, ob sie sich nun eine deutsche Fahne oder eine deutsche Flagge kaufen sollen. Manche glauben, der Unterschied bestehe darin, dass eine Flagge kleiner sei als eine Fahne. Oder dass eine Flagge eher ein inoffizieller Fetzen sei, im Unterschied zum staatstragenden Fahnentuch. Das ist aber nicht richtig. Tatsächlich sind Fahne und Flagge gleichbedeutend. Es handelt sich um zwei verschiedene Wörter für dieselbe Sache mit unterschiedlicher Herkunft und Geschichte.

Die Fahne ist das Land-Wort, während die Flagge ursprünglich in der Seefahrt zuhause war. Fahnen wehten also an Land, Flaggen auf See. Daher gibt es in der Seefahrt auch Flaggschiffe, Flaggoffiziere und ein Flaggenalphabet (und nicht etwa ein Fahnenalphabet). Und bevor ein Schiff in ein anderes Land verkauft werden kann, wird es »ausgeflaggt«.

An Land gab es hingegen den Fahnenjunker, den Fähnrich und die Fahnenflucht. Die Fahne geht auf das althochdeutsche Wort »fano« zurück, das »Tuch« bedeutet. Das Wort »halsfano«, das es im frühen Mittelalter noch gab, entspricht unserem heutigen »Halstuch«. In dem Maße, in welchem bei den kampflustigen Germanen Feldzeichen und Herrschaftssymbole an Bedeutung gewannen, verschob sich der Wortsinn vom ursprünglichen Tuch mehr und mehr zur heutigen Fahne. Das Wort »Fahne« gibt es also schon sehr lange im Deutschen. Die Flagge hingegen gelangte erst im 17. Jahrhundert in die Hochsprache, und zwar aus dem Niederdeutschen. Leicht erkennt man seine Verwandtschaft mit dem englischen Wort »flag«, dem niederländischen Wort »vlag« und dem dänischen Wort »flag«.

Fahnen waren oft kostbare, von Hand gefertigte Kunstwerke aus Seide oder Leinen, die mit aufwendigen Stickereien verziert waren. Das Aufkommen von Textilmanufakturen im Merkantilismus machte es möglich, Fahnen auch als Massenprodukt herzustellen.

Gleichzeitig begünstigte die zunehmende Bedeutung der Seefahrt (nach der Entdeckung Amerikas) die Verbreitung des niederdeutschen Wortes »Flagge«. In einigen Definitionen wird daher die Fahne heute mit dem kunstvollen Einzelstück gleichgesetzt, während »Flagge« für das industrielle Massenprodukt stehen soll. Diese Unterscheidung ist aber sprachgeschichtlich nicht aufrechtzuerhalten. Der Fortschritt in der Textilherstellung fiel zeitlich mit der Ausbreitung des Wortes »Flagge« zusammen, denn beide sind eine Folge der gesellschaftlichen und wirtschaftlichen Entwicklungen der frühen Neuzeit. Die Fahne hat sich im Laufe der Jahrhunderte also materiell und qualitativ verändert, und sie wurde immer häufiger »Flagge« genannt, aber eine feste Unterscheidung gab es nie.

Wäre Deutschland, wie von Kaiser Wilhelm II. angestrebt, eine führende Seemacht geworden, hätte die Flagge vielleicht eines Tages die Fahne aus der deutschen Sprache verdrängt. Dazu kam es aber nicht, sodass sich beide Wörter bis heute die Waage halten.

In Artikel 22 des Grundgesetzes der Bundesrepublik Deutschland heißt es: »Die Bundesflagge ist schwarz-rot-gold«. Das Wort »Flagge« taucht auch sonst in amtlichen Zusammenhängen häufig auf. Ihre Kollegin dürfte somit etwas vorschnell geurteilt haben. Vielleicht war sie aber auch vom Schweizerischen beeinflusst, denn in der Schweiz wird nur das Wort »Fahne« gebraucht; die »Flagge« hat dort keine Verbreitung gefunden, was unter anderem mit der geringen Anzahl an Schweizer Seehäfen zu erklären ist.
Einigen Deutungen zufolge wird die »Fahne« auch als Gesamtheit aus Stange und Tuch gesehen. Demnach aber müsste eine Aussage wie »Die Fahne flattert im Wind« unpräzise sein, da nur das Tuch wirklich flattert, während die Stange bestenfalls hin- und herschwankt. Die Definition »Flagge = Fahnentuch; Fahne = Flagge plus Stange« ist zu eng gefasst. In meinem Leben als Korrekturleser und Autor habe ich jede Menge Druckfahnen gesehen, und die hingen nie an einer Stange. Auch die Schnapsfahne kommt ohne Mast aus (wiewohl sie sich gelegentlich um einen Laternenmast wickelt). Ob über dem Reichstag nun eine Fahne oder eine Flagge weht, soll mir egal sein, solange diese beiden nicht noch mit anderen Symbolen durcheinandergeworfen werden.

In einem Zeitungsartikel zur Fußballweltmeisterschaft stand einmal zu lesen: »Viele Fans haben sich das Gesicht mit der deutschen Flagge bemalt.« Daraufhin fragten mich mehrere Leser, ob es nicht »Fahne« heißen müsse. »Nein«, erwiderte ich, denn weder das eine noch das andere war zutreffend. »Eine Fahne taugt ebenso wenig zum Malen wie eine Flagge«, schrieb ich zurück, »die Fans haben sich das Gesicht in den deutschen Farben bemalt.«

Flaggen und Fahnen tauchen auch in einigen Redewendungen auf. Dort sind sie allerdings nicht austauschbar. Wer »Flagge zeigt«, also Farbe bekennt, der zeigt nicht Fahne. Wer sich etwas »auf seine Fahne schreibt«, schreibt es sich nicht auf seine Flagge. Das erinnert mich an jenen Satz, den ein Sportreporter der »Süddeutschen Zeitung« im Juli 2005 über Jan Ullrich schrieb: »Er belegte einen enttäuschenden 12. Platz. Viel entscheidender ist allerdings, dass er in der ersten Schlacht gegen Lance Armstrong mit Fliegen und Fahnen unterging.«

Vom Weiblichen des Schiffs

Die »Deutschland«, die »Astor«, die »Bremen«: Man fragt sich, warum Schiffe eigentlich immer weiblich sind, selbst wenn sie die Namen von Männern, Städten oder Ländern tragen. Hinter dem scheinbaren Paradoxon steckt ein alter Anglizismus.

Der Hamburger Hafen gilt seit jeher als touristische Attraktion, doch seit dort im Juli 2004 zum ersten Mal die »Queen Mary 2« einlief, ist er für Touristen noch um einiges attraktiver geworden. Inzwischen hat die »Queen Mary 2« bereits 25 Mal in Hamburg festgemacht, und noch immer lockt ihr Besuch Heerscharen von Schaulustigen an.

Auch an diesem lauen Abend im August hatten sich wieder Tausende Menschen am Hafen eingefunden, um der »Queen« beim Auslaufen zuzuwinken und sich am Feuerwerk zu ergötzen. Endlich war es so weit: Ein dreimaliges, lang anhaltendes Tuten kündete vom Ablegen des Transatlantikliners. Gemächlich entfernte er sich vom Kreuzfahrt-Terminal, schob sich vorbei an dem, was einmal die Elbphilharmonie werden soll, und passierte schließlich die Landungsbrücken, wo Henry und ich uns unter die Sehleute gemischt hatten. Der Versuch, ein Foto von Henry mit dem Dampfer im Hintergrund zu schießen, erwies sich als schwierig. »Ich bekomme ihn nicht drauf«, stellte ich fest, »er ist einfach zu breit!« – »Wen meinst du?«, fragte Henry entrüstet, »doch nicht etwa meinen Bauch?« – »Ich meine natürlich die Queen«, erwiderte ich. »Und warum sagst du dann ›er‹?«, beschwerte sich Henry. »Weil es ein Dampfer ist«, erklärte ich. Nun war Henry erst recht entrüstet: *»Es? Es* ist ein Dampfer? Die Queen ist ein ›Es‹? Das ist Majestätsbeleidigung!« Ich blieb ungerührt: »Dieses schwim-

mende Luxushotel ist sowohl ein Er als auch ein Es – denn in erster Linie ist sie ein Schiff. Ein Linienschiff sogar.« – »Das stimmt!«, bemerkte Henry. »Und weil die Queen ein Schiff ist, hat sie auch ein Recht darauf, wie eine Dame angesprochen zu werden. Alle Schiffe haben nämlich eines gemeinsam: Sie sind weiblich!« Henry und das weibliche Geschlecht haben auch etwas gemeinsam: Es ist nicht leicht, ihnen zu widersprechen.

Passend zu diesem Ereignis stieß ich anderntags in einem Leserbrief auf folgende Frage: »Können Sie mir erklären, warum Schiffsnamen immer weiblich sind? Bei der Queen Mary sehe ich das ja ein, aber bei Namen wie Columbus, Peter Pan oder Deutschland vermisse ich die Logik!«

Mit Logik ist dieser Frage auch nicht beizukommen. Schiffe müssen keine Queen oder Princess of the Seas sein, um als weiblich zu gelten. Auch der nukleargetriebene, testosterongesteuerte Flugzeugträger »USS Ronald Reagan« ist als »die Reagan« im Einsatz. Tatsächlich hat der Taufname des Schiffes auf das Geschlecht keinen Einfluss. Das war jedoch nicht zu allen Zeiten so. Im Mittelalter noch richtete sich das Geschlecht des Schiffsnamens nach dem Namensgeber, der oft ein Heiliger war. 1471 kaufte die Hanse ein Schiff für den Krieg gegen England, das als *der Peter von Danzig* bekannt wurde.

Da in späteren Jahrhunderten die englische Seefahrt tonangebend wurde und die deutsche Seefahrt viele Begriffe aus dem Englischen übernahm, liegt die Vermutung nahe, dass auch bei der Geschlechtsbestimmung von Schiffen die Engländer als Vorbild gedient haben. Denn auch im Englischen sind Schiffe weiblich. Und das ist recht außergewöhnlich, zumal alle anderen Dingwörter im Englischen sächlich sind. Die Einteilung in männlich oder weiblich wird sonst nur beim Menschen und bei geliebten Haustieren vorgenommen. Alles, was nicht auf zwei Beinen geht oder wenigstens lieb gucken kann, ist ein »it«-Wort. Schiffe aber sind »she«-Wörter.

Offenbar haben die Seeleute ihr Schiff als etwas Weibliches empfunden. Die rundlichen Formen des Schiffsbauchs (die im Mittelalter noch stärker ausgeprägt waren als heute) mögen dazu beigetragen haben. In Ermangelung weiblicher Begleitung wurde das Schiff zu ihrer Geliebten: Es musste von ihnen auf Kurs gebracht, im Sturm gebändigt und täglich geschrubbt werden. Es musste rund um die Uhr bewacht und notfalls mit dem Leben verteidigt werden. So etwas tun Männer sonst nur für ihre Frau – oder für ihr Auto. Im Englischen kamen daher auch Autos zu einem weiblichen Geschlecht. Mit der Frage »Isn't she beautiful?« kann ein Brite sowohl seine Frau als auch sein Auto meinen, da gilt es genau aufzupassen.

Im Französischen hingegen sind Schiffe männlich. Hatten französische Seeleute womöglich eine weniger leidenschaftliche Beziehung zu ihrem Schiff als englische und deutsche Matrosen? Keineswegs. Auch fehlte es ihnen gewiss nicht an der nötigen Fantasie, um in einem Schiff etwas Weibliches zu erkennen. Aber im Französischen hielt man sich an das Geschlecht des Wortes »Schiff«, und das französische Wort für Schiff ist männlich: le navire. Ihr Heimatland ist für die Franzosen weiblich: *la* France. Doch wenn ein Schiff danach benannt wird, heißt es *le* France. Hätte sich das französische Prinzip, bei dem sich die Namen nach dem Geschlecht des Wortes »Schiff« richten, auch in Deutschland durchgesetzt, dann wären heute für uns alle Schiffsnamen sächlich: das Titanic, das Queen Mary 2, das Bounty.

Stattdessen hat sich bei der Geschlechtsbestimmung deutscher Schiffe die englische Praxis durchgesetzt. Diese war aber nicht immer unumstritten. Kaiser Wilhelm II. missfiel es, dass Schiffe, die nach männlichen Personen benannt waren, einen weiblichen Artikel trugen. Zu jener Zeit hatte der Chauvinismus in Deutschland Hochkultur, und Schiffe bekamen Namen wie »Friedrich der Große«, »Graf Goetzen«, »Von der Tann« und »Großer Kurfürst«. Als die Reederei Hapag 1912 ihren bis dahin größten Passagierdampfer auf den Namen »Imperator« taufen ließ, geschah dies auf ausdrücklichen Wunsch des Kaisers mit männlichem Artikel: Das Schiff sollte *der* »Imperator« und nicht *die* »Imperator« genannt werden. Dann brach der Erste Weltkrieg aus, das Kaiserreich ging unter, und damit auch der Versuch, Schiffsnamen auf männlich zu trimmen.

So kommt es, dass wir heute selbst dann von »die« sprechen, wenn ein Schiff einen so geschlechtsneutralen Namen wie »Mein Schiff« trägt. Da hilft auch kein Jammern, nicht einmal bei Windjammern: Der wohl bekannteste Windjammer, das Segelschulschiff der Bundesmarine, trägt den Namen des Schriftstellers Gorch Fock und ist dennoch eine »sie«.

Das Ganze ist zwar nicht logisch, hat aber seine unbestreitbaren Vorzüge: Wenn irgendwo von »die Rheinland« oder »die Taunus« die Rede ist, weiß man sofort, dass es sich nur um Schiffe handeln kann. (Oder um jemanden, der mit den Geschlechtern im Deutschen auf dem Kriegsfuß steht.)

Als wir uns später die Fotos vom Auslaufen der »Queen Mary 2« ansahen, stellte Henry fest: »Du hast Recht, er ist wirklich ganz schön breit!« – »Wen meinst du mit *er*«, fragte ich, »den Transatlantikliner? Den Dampfer?« – »Nein«, sagte Henry und seufzte: »Meinen Bauch!«

Weiteres zum grammatischen Geschlecht:

»Warum ist der Rhein männlich und die Elbe weiblich?« (»Dativ«-Band 2)
»Die Place, die Gare, die Tour?« (»Dativ«-Band 2)
»**Der Butter, die Huhn, das Teller**« (»Dativ«-Band 3)

Und zur Frage »Der, die oder das Nutella?«:
»**Krieg der Geschlechter**« (»Dativ«-Band 1)

Kann ein Wrack »erneut« sein?

Frage eines Lesers aus Pforzheim: Soeben stolperte ich über diese Überschrift auf »Spiegel Online«: »Silberschatz im Nordatlantik: Erneutes Wrack gefunden«. Ich wusste bisher nicht, dass ein Schiffswrack »erneut« sein kann?

Antwort des Zwiebelfischs: Bei Schiffen gilt in der Regel: einmal ein Wrack, immer ein Wrack. Der Mensch selbst ist da etwas flexibler: Da kann jemand zum Wrack werden (z. B. durch Alkoholmissbrauch), sich wieder erholen (durch einen Entzug) und abermals zum Wrack werden (durch einen Rückfall). Er wäre dann aber trotzdem kein »erneutes« Wrack, sondern höchstens »erneut ein Wrack«.

Wenn das Wort »erneut« attributivisch (d. h. vor einem Hauptwort stehend) gebraucht werden soll, dann geht dies nur mit Hauptwörtern, die aus einem Tätigkeitswort gebildet wurden, denn »erneut« ist ein Adverb:

> die erneute Heilung (von: erneut heilen/geheilt sein)
> der erneute Versuch (von: erneut versuchen/versucht haben)
> der erneute Absturz (von: erneut abstürzen/abgestürzt sein)

Bei anderen Hauptwörtern geht dies nicht: Der wiedergewählte Kanzler ist zwar erneut Kanzler, aber er ist nicht »der erneute Kanzler«. Ebenso wenig ist wiedergewonnenes Trinkwasser »erneutes Wasser«, und wenn Günter Grass ein neues Buch vorlegt, hat er kein »erneutes Buch« geschrieben.

Daher gibt es auch kein »erneutes Wrack«, da das Wort »Wrack« nicht aus einer Tätigkeit abgeleitet ist. (Es sei denn, Sie beharren darauf, »Wrack« käme von »sinken«!)

Mit herzlichen Grüßen, Ihr Zwiebelfisch

PS: Die Kollegen hatten inzwischen ein Einsehen und haben die Zeile geändert. Jetzt heißt es dort: »Silberschatz im Nordatlantik: Erneut Wrack gefunden«.

Mit erneut herzlichen Grüßen, Ihr Zwiebelfisch

Tesa-Film ist fast Leim

Was haben Eifersucht und Schufterei gemeinsam? Was verbindet Peer Steinbrück mit Rupert Siebeneck? Und Gerhard Schroeder mit Dr. Roger Drehachse? Die Antwort lautet: die Buchstaben! Eine der lustvollsten Arten, sich mit Wörtern zu beschäftigen, ist die Suche nach Anagrammen.

Im September 2013 stehen die 18. Bundestagswahlen an. Höchste Zeit also, sich ein paar Gedanken über Politik zu machen. In einem Chat auf Facebook erklärte mir jemand, Angela Merkel sei die einzige Politikerin, die von Anfang an mit offenen Karten gespielt habe. Man müsse es nur verstehen, sie richtig zu deuten. Ihr Name sei nämlich ein Anagramm: Durch Umstellung der Buchstaben würde »Angela Merkel« zu »Klare Maengel«. Und da hätte man doch den Beweis: Diese Frau macht keinem etwas vor!

Wer Scrabble spielt, der weiß, dass das Umstellen von Buchstaben oft zu verblüffenden Ergebnissen führen kann. Aus den Steinen, die für das Wort »Aufschub« nötig sind, lässt sich auch ein »Fuchsbau« errichten, und »Rohsahne« kann man so lange verquirlen, bis am Ende »Hasenohr« dabei herauskommt.

Schon die alten Griechen bildeten Anagramme, und von ihnen stammt auch der Fachbegriff: »Anagramm« leitet sich vom griechischen »anagraphein« ab, was »umschreiben« bedeutet. Auf Deutsch wird ein Anagramm auch »Letterkehr« oder »Schüttelwort« genannt. Für so manchen ist das Puzzeln mit Buchstaben nicht nur eine amüsante Form der Freizeitbeschäftigung, sondern geradezu eine Leidenschaft. Im Internet kann man ganze Listen mit originellen

Anagrammen einsehen, die von begeisterten Anagrammsuchern zusammengetragen wurden. Darauf findet man erfrischend unkorrekte Gleichungen wie »Atom-Ausstieg = Essig-Automat«, »Bundestag = Angstbude«, »Reformpaket = Aemterkropf«, »Frauenschwarm = Warmschnaufer« und »Tesa-Film = Fast Leim«. Eines der längsten Ein-Wort-Anagramme ist »Behoerdenbauten«. Es hat dieselben Buchstaben wie »ohrenbetaeubend«.
In früheren Zeiten dienten Anagramme nicht allein dem Vergnügen, sondern auch der Verschlüsselung. Galileo Galilei zum Beispiel veröffentlichte seine Erkenntnisse über die Planeten Venus und Saturn in Form von Anagrammen, um sicherzustellen, dass sie nur von Eingeweihten verstanden werden konnten. Manche Schriftsteller wählten ein Anagramm als Künstlernamen. Dann spricht man auch von einem Ananym (nicht zu verwechseln mit »anonym«). Der Lyriker Paul Celan hieß mit bürgerlichem Namen Paul Ancel. Der Schriftsteller Hans C. Mayer nannte sich Jean Améry, und Kurt Wilhelm Marek wurde unter dem Namen C.W. Ceram bekannt.
Nicht nur unter Literaten, sondern auch in der Literatur selbst spielen Anagramme immer wieder eine Rolle. Der Schriftsteller James Krüss erschuf für seinen Roman »Timm Thaler« einen zwielichtigen Baron, den er Lefuet nannte. Wenn man diesen Namen rückwärts las, kam sein wahres Ich zum Vorschein: »Teufel«. Einem nicht minder schaurigen Geheimnis kamen die Leser der »Harry Potter«-Bücher auf die Spur, indem sie im Namen »Tom Marvolo Riddle« den Hinweis »I am Lord Voldemort« erkannten und somit die wahre Identität des bösesten aller bösen Zauberer.*

* In der deutschen Übersetzung heißt Tom Riddle mit Zweitnamen Vorlost, sodass der komplette Name das Anagramm »Ist Lord Voldemort« ergibt.

Ein besonders leidenschaftlicher Anagrammsucher ist der Schriftsteller Walter Moers. In seinen Büchern »Die Stadt der Träumenden Bücher« und »Das Labyrinth der Träumenden Bücher« tauchen zahlreiche Künstler auf, deren Namen Anagramme von bekannten Schriftstellern und Musikern sind: Aus »Friedrich Hölderlin« formte Moers »Dölerich Hirnfidler«, aus »Johann Wolfgang von Goethe« machte er »Ohjann Golgo van Fontheweg«, und aus »Wolfgang Amadeus Mozart« bildete er den klangvollen Namen »Melodanus Graf Watzogam«.
Manchem sind auch die Namen von Freunden und Verwandten für ein Verdrehvergnügen nicht zu schade. So war ich einmal zu einer Feier eingeladen, bei der alle Namen auf den Platzkarten in Anagrammform geschrieben waren. (Auf meinem stand »Citibank-Ass«.) Das war zweifellos eine originelle Idee, doch es dauerte eine halbe Stunde, bis jeder seinen Namen entschlüsselt hatte. Unterdessen war das Essen verschmort.

Besonders beliebt sind Anagramme, die einen bekannten Namen auf ironische Weise interpretieren. Die Buchstaben des Namens Dieter Bohlen ergeben das Wort »Bloedenhirte«. Und aus der Schauspielerin Pamela Anderson wird »Das Paar Melonen«.

Die steilsten Vorlagen liefern freilich die Namen von Politikern. Als sich Wolfgang Schäuble in seiner damaligen Funktion als Innenminister für verschärfte Überwachungs- und Abhörgesetze stark machte (vom Volksmund der »Große Lauschangriff« genannt), fanden Anagrammsucher heraus, dass die Buchstaben »Schaeuble« in anderer Reihenfolge das Wort »Belausche« ergeben. Und was denkt die Anagrammatik über Guido Westerwelle? »Wow! Leider luegt es.«

Nachdem bei Angela Merkel klare Mängel zum Vorschein gekommen waren, wollte ich natürlich auch wissen, was der Spitzenkandidat der SPD zu verbergen hat. Aus Buchstabensteinen meines Scrabble-Spiels bildete ich den Namen »Peer Steinbrueck«. Dann stellte ich die Steine so lange um, bis sie plötzlich die Worte »unbereiter Speck« ergaben. In der Hoffnung, noch etwas Freundlicheres zu finden, versuchte ich es weiter. »Brueskiert Pence« las ich schließlich, was mir als kein gutes Omen für die Euro-Politik gegenüber Großbritannien erschien. Auch die nächste Kombination erwies sich als ein schlechtes Omen, diesmal in Bezug auf den Tierschutz: »Bespucke Rentier«. Das Netteste, was sich aus Peer Steinbrücks Buchstaben gewinnen ließ, war ein anderer Name: Rupert Siebeneck. Wenn es mit der Wahl zum Kanzler nicht klappt, kann er es unter diesem Namen irgendwann ja noch mal versuchen.

Wem die Scrabble-Methode zu umständlich ist, der kann es sich auch leichter machen. Es gibt im Internet nämlich einen Anagramm-Generator. Der funktioniert denkbar einfach: Man braucht nur ein Wort oder einen Namen einzugeben, und in Sekundenschnelle erstellt das Programm eine Liste mit allen möglichen Kombinationen. Möglich heißt: sprechbar, aber keinesfalls immer sinnvoll. Das habe ich mit »Angela Merkel« probiert, und es kamen noch ganz andere Dinge dabei heraus als »klare Mängel«.
Zum Beispiel Gelenkealarm, Laermklaenge, Kamelanleger, General Makel, lange Reklame und die Angelmakrele. Mitleiderregend der »Arme-Egel-Klan«, begeisterungweckend der »Legekram-Elan«, köstlich die Informationen »Mag alle Kerne« und »gerne Kamelle«! Das charmanteste Angela-Gramm aber war der nach alter Rechtschreibung gebildete »Karamel-Engel«.

Inzwischen erhielt ich eine weitere Nachricht von dem Facebook-Mitglied, das mich auf Angela Merkels klare Mängel hingewiesen hatte. »Da wäre noch etwas, was Sie über Frau Merkel wissen sollten«, las ich. »Auch das steht buchstäblich vor unseren Augen: Sie müssen nur die Bestandteile des Wortes ›Bundeskanzlerin‹ in eine andere Reihenfolge bringen, dann wissen Sie Bescheid! Gut geschüttelt, ergibt sich ein Wort, wie man es trefflicher und zynischer nicht erfinden könnte, nämlich: Bankzinsenluder!«

Für »Adriane Rinschi«

Von Akronym bis Synonym – ein Überblick über besondere Wörter, Namen und Sätze	
Akronym	Abkürzung oder Kurzwort aus den Initialen oder Anfangssilben eines Namens oder einer Wortgruppe (Azubi = Auszubildender, Kfz = Kraftfahrzeug, Haribo = Hans Riegel, Bonn)
Anagramm	Umstellung der Buchstaben eines Wortes, durch die sich ein neues Wort ergibt (Lampe = Palme; Reifen = Ferien; Atheismus = Mietshaus; Schweizfibel = Zwiebelfisch)
Ananym	Anagramm eines Namens, das einen neuen Namen ergibt (Alucard = Dracula)
Anonymus	ungenannter Verfasser

Von Akronym bis Synonym – ein Überblick über besondere Wörter, Namen und Sätze	
Antonym	Wort mit entgegengesetzter Bedeutung (nah ≠ fern; Tag ≠ Nacht)
Apronym	Sonderform des Akronyms, bei dem sich ein Wort ergibt, das bereits in anderer Bedeutung existiert (Bund = »Bund für Umwelt und Naturschutz Deutschland«; Elster = »Elektronische Steuererklärung«)
Homonym	Wort mit gleichem Klang, aber unterschiedlicher Bedeutung, auch Teekesselchen genannt (Ball = Spielzeug und Tanzfest; Bank = Sitzgelegenheit und Geldinstitut; Speicher = Dachboden und Lagerhaus)
Homophon	Wort mit gleichem Klang, aber unterschiedlicher Schreibweise (Leere – Lehre; Lid – Lied, Wände – Wende)
Onomatopoesie	Lautnachahmung, Schallwort (»bums«, »klipp, klapp«, »Kuckuck«, »peng!«, »ritsch, ratsch«, »tröööt!«)
Oxymoron	Verbindung gegensätzlicher Begriffe: »bittersüß«, »stummer Schrei«, »Hassliebe«, »Minuswachstum«
Palindrom	Buchstabenfolge, die auch rückwärts gelesen einen Sinn ergibt (Nebel = Leben), im besten Fall sogar denselben wie vorwärts gelesen (»Lagerregal«, »Reliefpfeiler«, »Reit nie ein Tier!«, »Eine güldne, gute Tugend: Lüge nie!«)
Pangramm	ein Satz, der alle 26 Grundbuchstaben des Alphabets enthält (»Franz jagt im komplett verwahrlosten Taxi quer durch Bayern«) oder sogar 30 einschließlich der deutschen Sonderzeichen ä, ö, ü und ß (»Zwölf Boxkämpfer jagen Viktor quer über den großen Sylter Deich«)
Pseudonym	Deckname, Künstlername (Novalis = Friedrich Freiherr von Hardenberg; Mary Westmacott = Agatha Christie; e. o. plauen = Erich Ohser)
Synonym	sinnverwandtes Wort, Ersatzwort (Anfang = Beginn; Ende = Schluss; Speicher = Dachboden)

Der Vogel und die Vögelin

Die Gans hat ihren Ganter, die Ente ihren Erpel und die Henne ihren Hahn. Doch wie sieht es mit anderen Vögeln aus? Werden die Geschlechter von Eulen, Spatzen und Kranichen namentlich unterschieden? Wie heißt der Krähenmann? Ist die Frau des Raben eine Rabin? Und wie nennt man die Lebenspartnerin des Uhus?

Am Erntedanksonntag kam meine Freundin Alexandra zum Essen. Während ich für uns den Tisch deckte, blätterte sie in einem Album mit Fotos aus unserer Schulzeit. Dabei entdeckte sie ein Bild, das mich in einer seltsamen Verkleidung zeigt. »Was trägst du denn da?«, fragte sie belustigt. »Ein Vogelkostüm!«, erklärte ich. »Das war bei einer Aufführung der Vogeloper mit unserem Chor!« – »Wie süß!«, rief Alexandra. »Warst du der Vogel oder die Vögelin?« – »Ich war selbstverständlich das Männchen!«, stellte ich klar. »Ich war schließlich schon aus dem Stimmbruch raus.« – »Und welche Art Vögel solltet ihr darstellen?«, fragte Alexandra. »Das weiß ich nicht mehr«, erwiderte ich, »etwas in der Art wie Rotkehlchen, nehme ich an.« Alexandra schien nicht sehr überzeugt: »In dem Kostüm sieht du eher aus wie ein gerupfter Papagei«, befand sie. »Vielleicht waren wir auch Blaumeisen oder Spatzen«, überlegte ich. »Ganz sicher aber waren wir keine Raben.« – »Der Herr Spatz und die Frau Spätzin – ihr wart bestimmt ein Traumpaar!«, sagte Alexandra lachend. Und dann hielt sie inne und fragte: »Gibt es das Wort *Spätzin* überhaupt?« – »Vorstellbar ist es, aber ich bezweifle, dass es wirklich gebräuchlich ist. Lass uns zur Sicherheit im Wörterbuch nachsehen!« Und tatsächlich: Zwischen Spatzenhirn und Spätzle fanden wir sie: die Spätzin. Alexandra war erleichtert. »Wo wir gerade dabei sind, lass uns doch mal nachsehen, wie das Krähenmännchen heißt«, sagte sie. Diesmal wurden wir nicht fündig: Weder gab es einen »Kräher« noch einen »Kräherich« oder einen »Krah«. Auch die Suche nach weiblichen Formen des Adlers und des Falken blieb erfolglos.

Da der Mensch die Tiere vor allem danach zu beurteilen pflegte, inwieweit sie ihm von Nutzen waren, hat er auch nur dort eine Unterscheidung der Geschlechter vorgenommen, wo sich etwas jagen, zähmen, züchten, mästen und verspeisen ließ. Alles andere, was sonst noch so kreuchte und fleuchte, konnte froh sein, wenn es überhaupt einen Namen bekam.

Folglich hat man sich auch bei Vögeln nur dann die Mühe gemacht, unterschiedliche Bezeichnungen für die männlichen und weiblichen Exemplare zu finden, wenn es sich um Nutztiere handelt, allen voran das liebe Federvieh, sprich Hühner und Gänse.

Ente: die Ente, der Erpel (auch: Enterich)
Gans: die Gans, der Gänserich (auch: Ganter)
Huhn: die Henne, der Hahn
Pute: die Pute, der Puter
Truthuhn: die Truthenne, der Truthahn

Bei vielen Nutz- und Hausvögeln mit männlichem Gattungsnamen ist die Bildung einer weiblichen Form durch Anhängen der Endung »-in« möglich: So wie der Spatz seine Spätzin hat, gesellt sich zum Fasan die Fasanin. Der Storch baut sein Nest zusammen mit der Störchin, und der Schwan gleitet neben der Schwänin.

Bei Wildvögeln wird diese Art der semantischen Unterscheidung jedoch nur selten vorgenommen. Die männliche Krähe heißt sowohl in der Fachsprache als auch in der Volkssprache einfach »das Krähenmännchen«, die weibliche ist »das Krähenweibchen«. Ableitungen auf »-in« und »-rich« sind zwar in der Theorie möglich, in der Praxis aber kaum zu finden. Der Reiher hat keine Reiherin, und die Meise keinen Meiserich. Eine Schwalbe macht noch keinen Sommer, heißt es, und man kann hinzufügen: ein Schwalberich erst recht nicht, denn er hat es bisher nicht einmal ins Wörterbuch geschafft.

In Bezug auf Geschlechterunterscheidung bei Vögeln geht das zur Verfügung stehende Vokabular kaum über den menschlichen (Speise-)Tellerrand hinaus. Fantasie versetzt uns jedoch in die Lage, diese profanen Grenzen zu überwinden und neue Formen zu erschaffen, sodass am Ende jeder Vogel seine Vögelin hat. Den Rest des Abends verbrachten Alexandra und ich damit, für jeden Vogel, der uns in den Sinn kam, ein klangvolles Pendant zu finden. Genauer gesagt: zu erfinden.

Als Weibchen für den Zaunkönig kam natürlich nur die Zaunkönigin in Frage. Der Rotkopfwürger erhielt eine Rotkopfwürgerin und der Wiedehopf eine Wiedehöpfnerin. Dass der Fink eine Finkin habe, könne nur im Deutschen gelten, fanden wir; im Spanischen müsse er eine Finka haben.

Die Frau vom Pfau wurde zur Pfauna. Die Eule bekam einen Eulo an die Seite gestellt. Für den Uhu fand sich die Uhura und für die Nachtigall der Nachtigallo.

Das Prinzip mit dem weiblichen A und dem männlichen O schien unbegrenzte Möglichkeiten zu eröffnen, und warum sollte es nur am Wortende funktionieren? Flugs erklärten wir die männliche Amsel zum Omsel.

Die Wachtel durfte sich über ihren Wächtler freuen und der Dompfaff über seine Dompfeife. Manche Formen ließen sich auch durch Verkürzung gewinnen: Das männliche Gegenstück zur Dohle wurde zum Dohl, und das Weibchen des Reihers zur Reihe.

Kreuz und quer sprangen wir durchs Alphabet und ließen auch den Zilpzalp und den Zwergfalken nicht aus. Die Zilpzälpin fand unser beider Gefallen, doch mit der »Zwergfälkin« wollte Alexandra sich nicht zufriedengeben. Das sei nicht konsequent genug, sagte sie, und gab nicht eher Ruhe, bis ich unserer Liste eine »Zwerginnenfälkin« hinzugefügt hatte. Um die zweifache Kastration des Zwergfalken wieder wettzumachen, stutzte ich die Haubenlerche kurzerhand zum Helmlerch.

Manche Namen stellten uns vor eine besondere Herausforderung, so wie die Mönchsgrasmücke, die vorne männlich und hinten weiblich klang. Das Pendant dazu konnte nur ein Nonnengrasmuck sein.

Auch französische Endungen waren willkommen: So fand sich als Partnerin für den Neuntöter die Neuntöterette, und die Heckenbraunelle kam zu ihrem Heckenbruno. Den Zitronengirlitz schließlich verbandelten wir mit der Zitronengirlande.

»Jetzt weiß ich, was für ein Vogel du in der Vogeloper warst!«, rief Alexandra auf einmal. Gespannt blickt ich sie an: »Nämlich?« – »Ein Star! Was sonst?« – »Und was war dann meine Partnerin: eine Starin oder eine Stärin?« – »Weder noch«, zwitscherte Alexandra, »für einen weiblichen Star kommt schließlich nur ein Wort in Frage: Diva!«

Hello, Dolly!

Frage eines Lesers aus Berlin: Hallo Zwiebelfisch! Oder sollte ich besser schreiben: »Hallo, Zwiebelfisch«? Meine Frage lautet: Kommt nach der Anrede »Hallo« ein Komma? Manche setzen es, viele aber nicht. Gibt es dazu eine Regel?

Antwort des Zwiebelfischs: Hallo, verehrter Leser! Kommaregeln rangieren in der Beliebtheit der Deutschen nicht sehr weit vorn, vermutlich noch hinter Schlaglöchern und Steuererklärungen. Umso mehr freut es mich, hierzu von Ihnen Post zu erhalten. Und selbstverständlich gibt es zu Ihrer Frage eine Regel! Schließlich gibt es für alles eine Regel. Ob man sich dran hält, ist etwas anderes. Die Kommaregel für die Anrede lautet folgendermaßen:

> Zwischen Grußformel (z.B. »Hallo«, »Guten Tag«) und Anredenominativ (z.B. »Peter«, »Kollege«, »sehr geehrte Damen und Herren«) steht ein Komma, da beide Teile »satzwertig« sind, d.h., jeder der beiden Teile wiegt so viel wie ein eigener Satz.

Dabei spielt es keine Rolle, ob es sich bei der Grußformel um eine höfliche Ansprache (»Guten Tag«, »Auf Wiedersehen«, »Herzlich willkommen«) oder um einen einfachen Zuruf (»He«, »Hallo«, »Na«) handelt. Korrekt schreibt man:

> Guten Tag, Herr Petersen!
> Willkommen, Frau Stubenpuck-Fliege!
> Hallo, Nachbar!
> Grüßt euch, alle miteinander!
> Na, du!
> He, Kleine!

Adieu, Chérie!
Servus, Michel!
Moin, ihr Sprotten!
Winter, ade!

Dies betrifft übrigens auch Ausrufe wie »Ach«, »Oh«, »Mensch« und »Mann« und darüber hinaus auch andere Formen der Ansprache wie »Bitte«, »Danke«, »Gesundheit« und »Entschuldigung«:

Der Nächste, bitte!
Danke, Susanne!
Glückwunsch, Max!
Ach, Papa!
Oh, Leander!
Mann, Sandra!
Mensch, ärgere dich nicht!

Das ist übrigens nicht nur eine deutsche Gepflogenheit. Auch im Englischen wird zwischen Grußformel und Namen ein Komma gesetzt. Eines der berühmtesten Beispiele ist das Broadway-Musical »Hello, Dolly« aus dem Jahre 1964.

Doch seit Dollys Zeiten hat sich manches geändert. Heute räumt der Duden ein, dass in Briefen und E-Mails auf das Komma in der Anrede verzichtet werden könne, insbesondere wenn diese nur aus zwei Wörtern besteht. Die folgenden Schreibweisen sind demnach zulässig:

Hallo Kollege!
Hi Leonie!
Hey Tim!
Na du!

Servus Peter!
Huhu Mausi!
Ciao Bella!
Tschüs Dicker!

Und was für Briefe und E-Mails gilt, das gilt natürlich auch für Internet-Foren und Chats. Und erst recht für Textnachrichten (SMS), bei denen Ökonomie schon immer eine größere Rolle spielte als Orthografie. Der Verzicht aufs Komma lässt sich sogar plausibel begründen.

Das Komma wurde ja ursprünglich nicht erfunden, um die Menschen zu verunsichern, um Sätze zu entstellen oder um Kosten zu verursachen. Sondern – im Gegenteil – um Klarheit zu schaffen. Wenn aber auch ohne Komma alles klar ist, dann ist das Komma nicht zwingend erforderlich.

Bei »Hallo Kollege!« ist unmissverständlich, dass jemand seinen Kollegen begrüßt. Ein Komma würde am Sinn nichts ändern. Daher kann man in diesem Falle darauf verzichten. Ob man »Grüß dich, Opa!« mit oder ohne Komma schreibt, spielt keine Rolle. In jedem Fall fühlt sich der Opa angesprochen. Etwas anderes ist es bei »Grüß dich Gott«: Wer hier ein Komma setzt (»Grüß dich, Gott!«), der hat offenbar eine göttliche Erscheinung. Oder er ist die Biene Maja und trifft sich gerade mit dem Sänger Karel.

Innerhalb der Anrede kann also ein Komma stehen oder auch nicht. Die Entscheidung bleibt dem Schreibenden überlassen. *Außerhalb* der Anrede sind die Regeln weniger elastisch: Steht die Anrede vor oder hinter oder mitten in einem Satz, so wird sie immer durch Komma abgetrennt:

Hallo, wie geht's? (*Auch*: Hallo! Wie geht's?)

Ich möchte dir, liebe Moni, von ganzem Herzen danken.
Wie geht's, Alex?

Ein leichtfertiger Verzicht aufs Komma kann hier schwerwiegende Folgen fürs Verständnis haben. Im letzten Beispiel (»Wie geht's, Alex?«) ändert sich durch Weglassen des Kommas (»Wie geht's Alex?«) nicht nur die Zeichenzahl, sondern auch die Perspektive. Vor allem für Alex. Ist Alex mit Komma noch selbst der Angesprochene, steigt er ohne Komma zum Gegenstand der Unterhaltung ab.

Kommaregeln sind nicht sehr beliebt und werden daher oft unterschätzt. Manchmal aber kann ein Komma sogar über Leben und Tod entscheiden. Der Buchtitel »Jetzt koch ich, Mama!« ist ohne Komma jedenfalls nicht zur Nachahmung zu empfehlen.

Weiteres zur Zeichensetzung:

»Das gefühlte Komma« (»Dativ«-Band 2)
»Darauf können Sie zählen« (»Dativ«-Band 4)
und auf den folgenden Seiten dieses Buches

Mit und ohne Komma gedroht

»Klimakonferenz droht, im Chaos zu versinken«, titelte ein Online-Magazin im Dezember 2011. Das war einerseits erschreckend, andererseits ein willkommener Anlass, darauf hinzuweisen, dass das Verb »drohen« unterschiedliche Bedeutungen mit jeweils unterschiedlichen Konsequenzen für die Zeichensetzung hat.

»Abendrot, Schönwetterbot' – Morgenrot, schlecht Wetter droht.« Diese gereimte Bauernregel habe ich schon als Kind gelernt – und auch, dass das Wort »drohen« verschiedene Bedeutungen haben kann. Nicht immer musste es dabei gleich um etwas so Schlimmes wie Fernsehverbot oder Taschengeldentzug gehen.

Zum einen gibt es »drohen« in der Bedeutung »bevorstehen«, »heraufziehen«, »im Verzug sein«. Dieses »drohen« ist unpersönlich, es ist nicht an Menschen, sondern an Ereignisse geknüpft:

> Gefahr droht!
> Am Wochenende drohen Hagelschauer.
> Uns allen droht das baldige Ende!

Zum anderen kann »drohen« sehr persönlich sein: Jemand droht einem anderen damit, etwas Bestimmtes zu tun oder zu unterlassen. In diesem Fall bedeutet »drohen« so viel wie »eine Drohung aussprechen«, »ankündigen«, »einschüchtern«. Der Inhalt der Drohung befindet sich meistens in einem abhängigen Infinitivsatz, der durch ein Komma abgetrennt wird:

Er droht ihr, das Haushaltsgeld zu kürzen.
Die Kanzlerin drohte, sich nicht zur Wiederwahl zu stellen.

Dieses »drohen« lässt sich immer daran erkennen, dass man ein »damit« einfügen könnte:

Er droht ihr damit, das Haushaltsgeld zu kürzen.
Die Kanzlerin drohte damit, sich nicht zur Wiederwahl zu stellen.

Neben »bevorstehen« und »androhen« hat »drohen« aber noch eine dritte Bedeutung, nämlich »Gefahr laufen« oder »in Gefahr sein«. In diesem Fall, der dem ersten »drohen« sehr ähnlich ist, wird keine Drohung ausgesprochen, sondern eine *Be*drohung aufgezeigt. Damit die Bedrohung nicht mit einer Drohung verwechselt werden kann, folgt ihr *kein* Komma:

Der Gesetzentwurf droht am Widerstand der Opposition zu scheitern.
Die Regierung droht in der Gunst der Wähler zu sinken.

Hier lässt sich auch kein rückbezügliches »damit« einfügen. So wäre es jedenfalls nicht sinnvoll:

Der Gesetzentwurf droht damit, am Widerstand der Opposition zu scheitern.
Die Regierung droht damit, in der Gunst der Wähler zu sinken.

Dieses dritte »drohen« war zweifellos gemeint, als über den Uno-Gipfel in Durban geschrieben wurde: »Klimakonferenz droht, im Chaos zu versinken«. Denn die Konferenz drohte nicht irgendjemandem mit irgendetwas, sondern wurde ihrerseits bedroht, und zwar vom Chaos, genauer gesagt dem Darin-Versinken. Folglich war das Komma hinter »droht« überflüssig. Einigen Lesern drohte daraufhin bestimmt der Kragen zu platzen, und ich kann mir vorstellen, dass das E-Mail-Postfach der Redaktion überzulaufen drohte. In einer korrigierten Fassung konnte man wenig später dann lesen: »Klimakonferenz droht im Chaos zu versinken«.

Dieses dritte »drohen« hat nicht nur eine andere Bedeutung, sondern auch eine andere grammatische Funktion: Es nimmt die Rolle eines Hilfsverbs ein. Weil es aber hauptberuflich ein Vollverb ist und die Rolle als Hilfsverb nur nebenbei übernimmt, spricht man hier von einem »unechten Hilfsverb«. Es gibt mehrere solcher unechten Hilfsverben, zum Beispiel »pflegen«, »scheinen« und »versprechen«:

Er pflegte seinen Tee mit Milch zu trinken.
Die Veranstaltung schien gut besucht zu sein.
Der Artikel versprach ein Knüller zu werden. (Aber: Der Redakteur versprach, einen Knüller zu schreiben.)

Auch in diesen Fällen steht kein Komma, da die Infinitivgruppen (Tee zu trinken, gut besucht zu sein, ein Knüller zu werden) unmittelbar vom Verb abhängig sind und nicht den Wert eines Satzes haben. Wem das zu abstrakt erscheint, für den ließe sich das Droh-Verhalten auf eine Bauernregel bringen:

Wenn jemand dir mit etwas droht,
tut Komma not.
Wo etwas zu passieren droht,
herrscht Kommaverbot!

Mehr & mehr

Ein guter Rat aus alten Zeiten lautet: Fang nicht zu viel auf einmal an, versuche lieber, in einer Sache wirklich gut zu sein. Dies scheint in der Geschäftswelt von heute niemanden mehr zu interessieren. Warum etwas Gutes bieten, wenn man immer noch mehr bieten kann? Egal, womit man handelt: Das gewisse Mehr darf dabei nicht fehlen!

Eines Sonntagnachmittags durfte ich auf Felix, den Sohn meiner Freundin Alexandra, aufpassen. Felix war gerade neun Jahre alt geworden und lernte begeistert seine ersten englischen Wörter. Seine Mutter hatte uns eine Disney-DVD bereitgelegt, und so machten wir es uns auf dem Sofa gemütlich. Bevor der Film startete, erschien zunächst das Logo, begleitet von einer Feenstaub versprühenden Elfe und einem dreiteiligen Motto. »Muuwies, Mädschick …«, las Felix, und da er nicht weiterkam, ergänzte ich: »and more«. Woraufhin er wissen wollte: »Was ist *moar*?« – »Das ist Englisch und heißt *mehr*!«, erklärte ich. »*Filme, Magie und mehr* wird uns hier versprochen. Was aber nicht heißen soll, dass der DVD noch ein Extra beiliegen würde wie zum Beispiel eine Tafel Schokolade.«
Während des Films saß Felix wie gebannt vor dem Bildschirm, auch ich selbst war gefesselt, Walt Disneys Magie wirkte auf uns beide gleichermaßen. Es bedurfte keines »and more«, um diesen Sonntagnachmittag noch verzauberter werden zu lassen.

In der geschäftigen Welt des Handels und der Dienstleistungen hingegen scheint heute niemand auf den Zusatz »und mehr« verzichten zu wollen. Seit in den neunziger Jahren das Vielfliegerprogramm »Miles & More« vom

Boden abhob, fand die Masche Tausende Nachahmer. Modeboutiquen beschränken sich nicht mehr nur auf Mode, sondern verkaufen »Mode und mehr«. Friseure waschen und schneiden »Haare und mehr«, und emsige Kosmetikerinnen lackieren »Nägel und mehr«, manche sogar auf Englisch: »Nails and More«.
Reiseveranstalter locken mit »Afrika und mehr«, wobei die meisten Reisewilligen ja schon mit Afrika oder weniger zufrieden wären. Eine Fachmesse in Nordrhein-Westfalen nennt sich »Wäsche und mehr« und erweckt mit dem »und mehr« bei einigen Besuchern möglicherweise falsche erotische Erwartungen. Ein medizinisches Internetforum hat die Adresse www.schilddruese-und-mehr.de. Des Weiteren gibt es einen Reinigungsdienst, der sich »Putzen und mehr« nennt, einen Partyservice namens »Essen und mehr« und eine Imbissbude, die »Pommes & mehr« heißt. Ein bisschen »mehr« muss heute sein! Ohne »mehr« am Leibe steht man als Geschäftsinhaber geradezu nackt da.

Was aber ist das Plus beim »und mehr«? Worin besteht der tatsächliche Zusatznutzen? Braucht der Kunde überhaupt ein »und mehr«?
Wenn ich auf dem Weg zu einer Freundin noch rasch einen Strauß Blumen besorgen will, interessiert es mich nicht, ob der Laden, der sich »Blumen & mehr« nennt, außer Blumen noch etwas anderes führt. Was hab ich von dem »& mehr«, wenn die entscheidende Ware, nämlich rote Rosen, ausverkauft ist? An einen Keine-Rosen-mehr-da-Strauß hänge ich jedenfalls auch keinen »und mehr«-Artikel.

Vielleicht diente das »und mehr« anfänglich mal der Aufwertung. Inzwischen aber, so scheint es, dient es häufiger als Ausrede dafür, kein wirklicher Spezialist zu sein. Von einem Verkäufer, der neben Elektronik noch so viel »mehr« zu bieten hat, darf schließlich niemand verlangen, dass er sich mit Technik auskennt. Wenn's der falsche Adapter war, den er Ihnen verkauft hat, dann war das nicht seine, sondern Ihre Schuld. Hätten Sie stattdessen mal lieber was aus der gut sortierten »und mehr«-Abteilung gekauft!

Wenn eine Fleischerei »Fleischwaren, Würstchen & mehr« anpreist, dann will ich als Verbraucher gar nicht wissen, was mit »und mehr« gemeint ist. Die Dreiergruppe beschreibt doch offensichtlich eine Abwärtskurve: Würstchen stehen qualitativ hinter Fleischwaren. Was also kann danach noch kommen? Knochen und Innereien?

Ein Fachgeschäft in Fulda führt laut Eigenwerbung »Hörgeräte und mehr«, und hier bekommt man als Kunde für das »und mehr« die Erklärung gleich mitgeliefert. In der Unterzeile nämlich heißt es: »Wer besser hört, hat mehr vom Leben«. Das ist ebenso richtig wie lustig, somit also lustig und mehr.

Da wir ja alle gern mit Worten spielen, war es unvermeidlich, dass Geschäftstreibende in Küstennähe das trockene »und mehr« aufgriffen und in ein feuchtes »und Meer« verwandelten. So inserieren zahlreiche Pensionen an Nord- und Ostseeküste heute mit »Urlaub und Meer«. Ein Fischgerichtehersteller hat sich »Lachs und Meer« als Markennamen registrieren lassen, und ein Café auf dem Darß verspricht gar »Meer und mehr«. Da kennt die Witzigkeit kein Halten mehr.

In den seltensten Fällen bedeutet ein Mehr an Worten auch ein Mehr an Qualität. Nicht zu Unrecht lautet eine bekannte Redensart: Weniger ist mehr! Und damit soll es an dieser Stelle auch genug sein. Es gibt schließlich noch mehr, über das sich zu schreiben lohnt! Ich empfehle Ihnen daher schon heute mein nächstes Buch mit dem Titel: »Dativ, Genitiv & mehr«.

Sprachliche Moden & mehr:

»Die reinste Puromanie« (»Dativ«-Band 1)
»Die maßlose Verbreitung des Mäßigen« (»Dativ«-Band 2)
»Haarige Zeiten« (»Dativ«-Band 3)
»Immer wieder einmal gerne« (»Dativ«-Band 4)

Verehren, verachten, vergönnen, verzeih'n

Wenn »verehren« so viel wie »besonders ehren« bedeutet, warum ist »verachten« dann nicht »besonders achten«? Wenn »verkennen« das Gegenteil von »kennen« ist, warum ist »vergönnen« dann nicht das Gegenteil von »gönnen«? Die Antwort auf diese Fragen steckt in der Vorsilbe: Das unscheinbare »ver« hat es in sich! Es ist ein wahrer Verwandlungskünstler.

»Lieber Onkel!«, schrieb mir mein Neffe zu Beginn des Sommers, »bald sind endlich Ferien. Wie du vielleicht schon weißt, fahre ich mit meinen Eltern nach Schweden. Darum ist es mir diesmal leider vergönnt, dich zu besuchen.« Dass vor dem Wort »vergönnt« ein »nicht« fehlte, hielt ich für verzeihlich. Im Eifer des Schreibens wird ein einzelnes Wort leicht unterschlagen. Bedauerlich hingegen fand ich, dass ich meinen Neffen in den Ferien nicht würde sehen können, auch wenn ich ihm die Reise nach Schweden natürlich von Herzen gönnte.
Ein paar Wochen später erhielt ich eine Postkarte, auf der zwei Elche zu sehen waren. Auf der Rückseite stand geschrieben: »Lieber Onkel! Viele Grüße aus Småland. Wir haben schon viel unternommen, nur zum Baden sind wir noch nicht gekommen, denn gutes Wetter war uns bisher vergönnt.« Ich wurde stutzig: Schon wieder fehlte ein »nicht«. Das konnte doch kein Zufall sein?!
Tatsächlich befand sich mein Neffe in dem Glauben, dass »vergönnen« das Gegenteil von »gönnen« sei. Was dem Menschen nicht ge-gönnt ist, das müsse ihm ver-gönnt sein, so glaubte er. Und hatte sich dabei ver-glaubt. Was mich wiederum über eines der rätselhaftesten Phänomene nachdenken ließ, die unsere Sprache zu bieten hat: die Vorsilbe »ver«.

Das Phänomenale sieht man ihr zunächst überhaupt nicht an. Wie »be«, »ge«, »ent«, »er« und »zer« gehört sie zu den »Untrennbaren«, also zu jenen Vorsilben, die nicht allein stehend vorkommen und die auch keine Betonung tragen. Im Vergleich zu betonten, schillernden und sich selbst erklärenden Vorsilben wie »auf«, »bei«, »durch«, »hin«, »her«, »unter« und »über« ist »ver« so etwas wie die graue Maus im Vorsilbenzoo: unscheinbar und unspektakulär.

Doch wenn man genauer hinschaut, stellt man fest, dass keine andere Vorsilbe so häufig zum Einsatz kommt wie »ver«. Wortzusammensetzungen mit »ver« gibt es nicht nur ein paar, sondern Hunderte, wenn nicht gar Tausende. Im Rechtschreibduden nehmen sie mehr als 20 Seiten ein, dreispaltig bedruckt.

Mit »ver« lassen sich ebenso Eigenschaftswörter bilden (verliebt, verlobt, verheiratet, verschieden) wie auch Hauptwörter: Verdienst, Vernunft, Verlust, Verbot. Die meisten »ver«-Wörter aber sind Tätigkeitswörter, sprich Verben. Und obwohl »ver« doch nur eine Vorsilbe ist, gibt es sogar Verben, die ohne »ver« nicht mehr sein können. Im Wörterbuch findet man weder blüffen noch geuden, gessen, lieren, mummen, pönen, schwenden oder teidigen. Es gibt sie nur im Verbund mit »ver«.*

* »Verteidigen« geht übrigens auf das althochdeutsche Wort »tagading« zurück, was »Verhandlung an einem bestimmten Tage« bedeutet, womit die Gerichtssitzung gemeint war. Aus dem tageding wurde teiding und schließlich ver-teidig-en. Ebenso bemerkenswert ist die Geschichte des Wortes »vergessen«: Es ist aus »gezzen« entstanden, einem alten Wort für »fassen« und »ergreifen«, verwandt mit dem englischen »get«. Ironischerweise geriet »gezzen« in Vergessenheit.

Die Vorsilbe »ver« gab es schon bei den alten Germanen. Ursprünglich bedeutete sie »vorbei, hinfort«. Das zeigt sich noch heute in Wörtern wie »verklingen«, »verwehen«, »verjagen«, »vertreiben«, »verkriechen« und »verstecken«. Und sie ist nicht nur im Deutschen, sondern auch im Englischen, Niederländischen und in den skandinavischen Sprachen zu finden – als »ver«, »for« oder »för«. Im Englischen gibt es allerdings nur eine kleine Handvoll Wörter mit »for« wie »forgive« (= vergeben), »forget« (= vergessen), »forfend« (= verhüten) und »forlorn« (= einsam, verloren sein), und die meisten Englischsprechenden wissen vermutlich nicht einmal, dass dieses »for« nichts mit der gleichklingenden Präposition »for« (= für) zu tun hat. Das Niederländische verzeichnet hingegen etliche Wörter mit »ver«, die wir nur als »er«-Wörter kennen: »verklaren« (= erklären), »vertellen« (= erzählen), »verwachten« (= erwarten) und »vermoorden« (= ermorden). Doch keine Sprache macht von den Möglichkeiten des »ver« so regen Gebrauch wie das Deutsche. Dank »ver« konnten wir so klangvolle Wörter erschaffen wie »verhackstücken«, »verhohnepipeln«, »vergackeiern«, »verkasematuckeln«, »verbumfiedeln« und »versaubeuteln«. Ganz zu schweigen von »verbalisieren« und »vertikutieren«. Auch wenn die beiden letzten auf einem anderen Blatt stehen, so kommt man doch zu der Erkenntnis: Ohne »ver« könnten wir uns heute nicht nünftig ständigen, ohne »ver« wären wir loren!

Bei dem Versuch, das Phänomen »ver« zu erklären, hat sich schon mancher verbohrt, verbissen, verstiegen und verrannt. Denn »ver«-Wörter sind schwer zu kategorisieren. Sie können ein langsames Werden und Wachsen beschreiben und genauso ein jähes Ende und Verschwinden. Sie können eine fehlgeschlagene Handlung anzeigen oder eine erfolgreiche Umwandlung. Mal dreht die Vorsilbe

»ver« das Grundwort in die eine, mal in die andere Richtung.

Mit Hilfe von »ver« kann man Dinge und Menschen zu etwas anderem umformen: Man kann aus einer Geschichte einen Film machen (»verfilmen«), aus Abfällen eine Wurst herstellen (»verwursten«) und durch »verbeamten« aus einem gewöhnlichen Sterblichen einen Beamten erschaffen. Mit »ver« kann man auch selbst zu etwas werden, zum Beispiel arm oder blöd, zu Stein oder zum Greis, wie die Verben »verarmen«, »verblöden«, »versteinern« und »vergreisen« zeigen.

Durch »ver« können Dinge mit Merkmalen versehen werden, zum Beispiel mit Chrom (»verchromen«), Glas (»verglasen«), einem Gitter (»vergittern«) oder einer Beule (»verbeulen«). Auch Menschen können auf diese Weise mit etwas versehen werden, wahlweise mit einem Kabel (»verkabeln«), einem Schleier (»verschleiern«) oder einer Wunde (»verwunden«). Ein Gift, ein Zauber oder ein Fluch tun es auch, wie man an »vergiften«, »verzaubern« und »verfluchen« sehen kann.

Bei all diesen Verben geht »ver« eine Verbindung mit einem Eigenschaftswort oder einem Hauptwort ein. Noch häufiger aber verbindet es sich mit Verben. Dort ist es zu weit erstaunlicheren Leistungen imstande.

Mit Hilfe von »ver« lassen sich Objekte an einen anderen Ort bringen (verlagern, verrücken, verschieben) oder dem Zugriff entziehen (verriegeln, verschließen, versperren). Materialien lassen sich zusammenfügen (verbinden, verknüpfen, verschweißen) und aus der Form bringen (verformen, verlaufen, verziehen). Zeit, Geld und vieles andere lässt sich aufbrauchen (verbraten, vertrinken, verplempern, verprassen) oder löst sich von selbst auf (verfliegen, verrauchen, verschwinden).

Mit Hilfe von »ver« kann man außerdem eine Menge falsch machen: Wer nicht richtig gezählt hat, hat sich verzählt, wer falsch geschätzt hat, hat sich verschätzt, und wer die verkehrte Nummer gewählt hat, der hat sich verwählt. »Ver« ist immer zur Stelle, wenn jemand vom rechten Weg abkommt und sich verrennt, vertut, vergreift, vergeht, verstrickt, verheddert und verfängt. Und auch dann, wenn sich jemand verliebt. Dass »sich verlieben« nach dem gleichen Muster gebildet wird wie »sich verirren«, »sich verfangen« und »sich verbrennen«, lässt sich leichter mit Romantik als mit Grammatik erklären.

Hier dient »ver« zum Anzeigen der Übertreibung oder der Verfehlung, in anderen Fällen dient es der Umkehrung ins Gegenteil: Da wird »achten« zu »verachten«, »blühen« zu »verblühen« und »zeihen« (ein altes Wort für beschuldigen) zu »verzeihen«.

Bei einer ganzen Reihe von Verben aber markiert »ver« weder ein Verschwinden noch eine Verfehlung oder eine Umkehrung, sondern etwas anderes: Der Unterschied zwischen »sterben« und »versterben« und zwischen »spüren« und »verspüren« ist weniger ein inhaltlicher als vielmehr ein stilistischer. Hier dient das »ver« zur Verstärkung, zur Veredelung, zur Kenntlichmachung des Besonderen. Nach gleichem Prinzip wurde »neigen« zu »verneigen«, »sichern« zu »versichern« und schließlich »meinen« zu »vermeinen« – was einmal für »fest glauben« stand und heute noch in dem Adjektiv »vermeintlich« zu finden ist. Und in diese Kategorie fällt auch das Verb »vergönnen«, das kein ins Gegenteil verkehrtes »gönnen« ist, wie mein Neffe vermeinte, sondern ein veredeltes »gönnen«.

Das alles ist zugegebenermaßen nicht gerade leicht zu überblicken. (V)erschwerend kommt hinzu, dass viele »ver«-Verben in mehreren Ausführungen existieren. Je nachdem, ob sie ein Objekt haben oder nicht, ob sie rückbezüglich sind oder nicht, können sie unterschiedliche Bedeutungen annehmen.

Zum Beispiel kann es vorkommen, dass sich Ärzte beim Verschreiben einer Arznei verschreiben. Ebenso können sich Landvermesser beim Vermessen von Land vermessen (es wäre vermessen anzunehmen, sie täten es nie). Und meine Freundin Sibylle stellt sich regelmäßig die Frage: »Wie wäre das Date wohl verlaufen, wäre mir die Schminke nicht verlaufen und hätte ich mich auf dem Weg nicht verlaufen?«

Auch das Verb »versprechen« kann mehrere Bedeutungen haben, nämlich »geloben«, »verhaspeln« und »erhoffen«. So kann ich Ihnen zwar versprechen, mich nie wieder zu versprechen, doch sollten Sie sich von einem solchen Versprechen nicht allzu viel versprechen.

Eines der vieldeutigsten »ver«-Wörter ist das Verb »verlegen«. Mein Verleger weiß davon ein Lied zu singen: Als Student hat er noch selbst Parkett verlegt, heute verlegt er an guten Tagen Bücher, an weniger guten seine Brille. Er hat sich auch schon mal den Hals verlegen, und um einen guten Rat ist er nie verlegen, und sei es nur, sich nicht aufs Bücherverlegen zu verlegen.

Seine vielseitige Verwendbarkeit ist der Grund dafür, dass »ver« nie aus der Mode gekommen ist. Nicht jedem mögen

Neubildungen gefallen wie verlinken, verunfallen, verwirtschaftlichen, veramerikanisieren, vercomputerisieren und vervirtualisieren. Doch so ist »ver« nun mal: Es mag manches verbiegen, verformen und verumständlichen, aber nichts verunmöglichen.

Verlängertes Ver-Vergnügen erwartet Sie auf der folgenden Seite: **»Zwölf verschiedene Ver-Wörter, die dasselbe bedeuten, und ein und dasselbe Ver-Wort, das zehn Mal etwas anderes bedeutet«**

Weitere Tabellen mit zahlreichen Beispielen für die verschiedenen »ver«-Kategorien finden Sie auf meiner Internetseite **www.bastiansick.de**

Mehr zum Thema Vorsilben:
»Bitte verbringen Sie mich zum Flughafen« (»Dativ«-Band 3)

Zwölf verschiedene Verben mit »ver« – ein und dieselbe Bedeutung!
Für »jemanden zusammenschlagen« kann man sagen:
verbimsen, verbläuen, verdreschen,
verhauen, verkeilen, verkloppen,
vermöbeln, verprügeln, versohlen,
vertrimmen, verwalken, verwamsen

Zwölf verschiedene Verben mit »ver« – ein und dieselbe Bedeutung!
Für »eine Sache in den Sand setzen« kann man sagen:
verbocken, verderben, vergeigen,
vergurken, verhudeln, verhunzen,
verkorksen, vermasseln, vermurksen,
verpatzen, verpfuschen, versemmeln

Ein und dasselbe Wort – zehn Bedeutungen!
Das Verb »versetzen« kann bedeuten:
(1) die Position von Dingen verändern (z. B. eine Schachfigur versetzen)
(2) jemandem etwas zufügen (z. B. einen Schlag versetzen)
(3) einen Schüler in die nächsthöhere Klassenstufe befördern
(4) einen Angestellten in eine andere Position oder an einen anderen Standort schicken
(5) Wertgegenstände zu Geld machen, verpfänden
(6) jemanden vergeblich warten lassen
(7) verdünnen, strecken (z. B. Wein mit Glykol versetzen)
(8) sich oder jemanden in einen anderen Zustand bringen (in Trance, Hypnose, Furcht, Angst und Schrecken versetzen)
(9) einen gedanklichen Situationswechsel oder Rollentausch vornehmen
(10) antworten, erwidern (»Nein!«, versetzte er.)
Der Lehrer kann Schüler in Angst versetzen oder in die nächste Klasse, der Personalchef kann Angestellte in andere Abteilungen versetzen oder in den Ruhestand, der Stratege kann sich in die Lage seines Gegners versetzen und ihm einen Schlag versetzen, der Gitarrist kann seine Bandkollegen bei den Proben versetzen und beim Pfandleiher seine Gitarre, der Wirt kann Schnaps mit Wasser versetzen, der Gärtner kann einen Strauch versetzen, der Maurer eine Wand und der Glaube einen Berg.

Erwarten und versprechen

Frage einer Leserin aus Düsseldorf: Gerade habe ich in einer Fernsehsendung gehört, wie ein Studiogast gefragt wurde: »Was erwarten Sie sich von dieser Debatte?« Ist das nicht irgendwie falsch? Kann man das so sagen? Heißt es nicht »Was erwarten Sie von dieser Debatte?« Und wie ist die Antwort? »Ich erwarte mir, dass ...«? Das klingt doch nun wirklich seltsam, finden Sie nicht?

Antwort des Zwiebelfischs: Ihr Gefühl trügt Sie nicht. Das Verb »erwarten« wird standardsprachlich nicht mit »sich« gebraucht. Es ist nämlich nicht reflexiv. Man kann etwas oder jemanden erwarten, lang und heiß und sehnlichst, aber das tut man nicht auf »sich« bezogen.

Im Falle des »Sich-Erwartens« liegt eine Überkreuzung mit anderen, sinnverwandten Konstruktionen vor, nämlich mit »sich etwas versprechen« oder »sich etwas erhoffen«.
Man kann sich viel (oder wenig) von jemandem versprechen, und man kann sich irgendetwas von irgendjemandem erhoffen. »Versprechen« und »erhoffen« können beide reflexiv (also mit »sich«) gebraucht werden, »erwarten« hingegen nicht.
Da »sich etwas versprechen« und »sich etwas erhoffen« aber nahezu gleichbedeutend sind mit »etwas erwarten«, kommt es immer wieder vor, dass die eine Form den anderen angepasst wird.
Die Sprachwissenschaft nennt so etwas eine Kontamination (zu Deutsch »Verschmutzung«) oder auch Amalgamierung, also eine Verschmelzung von Wörtern oder Wortteilen zu einem neuen Begriff. Dies kann bewusst und in kreativer Absicht geschehen, so wie bei der Verschmelzung der Wörter »teuer« und »Euro« zu »Teuro«.

Meistens aber geschieht es aus Versehen, aus Unkenntnis oder Unsicherheit. Wenn man nicht genau weiß, wie eine bestimmte gängige Phrase gebildet wird, greift man auf eine andere zurück, die ähnlich klingt und ungefähr das Gleiche bedeutet. So entstehen Formulierungen wie »meines Wissens nach« (Verschmelzung aus »meines Wissens« und »meiner Meinung nach«) und Wörter wie »zumindestens« (Kreuzung aus »mindestens« und »zumindest«). Sprachpolizisten zücken in solchen Fällen den Rotstift und ordnen eine gründliche Dekontamination an.

Auch zu früheren Zeiten wurde »erwarten« nicht rückbezüglich gebraucht, dafür aber noch mit dem Genitiv: »Ich erwarte deiner mit Sehnsucht und offenen Armen«, lautet ein klangvolles Beispiel aus einem »praktischen Rathgeber in der deutschen Sprache« aus dem Jahre 1824. Heute ist der Genitiv nur noch hinter »in Erwartung« zu erwarten.

Politiker kommen übrigens selten in die Verlegenheit, »sich« etwas zu erwarten, denn das Wort »erwarten« gehört gar nicht zu ihrem aktiven Wortschatz. »Die Erwartung« schon, aber nicht das Verb »erwarten«. Verben sind den Politikern nämlich unbequem. Statt »ich erwarte« sagen sie lieber »ich habe die Erwartung«. Und statt »ich befürchte« heißt es im Politikerdeutsch »ich habe die Befürchtung«. Warum ist das so? Das liegt an der Natur der Wörter: Verben haben etwas Direktes, Unmittelbares; Verben sind emotional. Wenn ein Politiker zugibt, dass er auf etwas hofft oder sich vor etwas fürchtet, wirkt er viel zu sehr aus Fleisch und Blut. Lieber versteckt er sich hinter einer hölzernen Nominalkonstruktion, das verleiht ihm scheinbare Autorität und Kompetenz und macht ihn weniger angreifbar.

Viele Menschen tun sich schwer damit, die Worte »ich liebe dich« über die Lippen zu bringen. Ein Politiker würde ein derart emotionales Geständnis ohnehin ganz anders formulieren. Bei ihm klänge es vermutlich so: »Ich habe in Bezug auf dich die Wahrnehmung einer Empfindung der Zuneigung.«

Wo Geld ist, ist auch Sinn

Unrecht gedeiht nicht? Verbrechen lohnt sich nicht? Alles Unsinn! Mancher Einbruch wäre durchaus sinnvoll, wenn es nur anständig was zu holen gäbe! Das sehen nicht nur Diebe so, sondern offenbar auch immer mehr Ladeninhaber.

Auf der Suche nach Zerstreuung wandelte ich eines Abends durch die matt erleuchteten Straßen meines Viertels. Da fiel mein Blick auf ein Hinweisschild im Schaufenster eines Geschäftes, auf dem folgender Satz stand: »Einbruch sinnlos, es befindet sich kein Geld in der Kasse!!!« Mit drei Ausrufezeichen. Ich wurde stutzig. Irgendetwas an diesem Satz war ungewöhnlich. Es waren nicht die drei Ausrufezeichen, sondern die Unterstellung von Sinn im Zusammenhang mit Eigentumsdelikten.

Die Warnung impliziert nämlich, dass ein Einbruch durchaus sinnvoll sein könnte, wenn sich Geld in der Kasse befände. Was wiederum zum logischen Schluss führt, dass Verbrechen nicht grundsätzlich sinnlos sind, sondern nur dann, wenn es nichts zu holen gibt. Die Konsequenzen wären erheblich, unser Rechtssystem müsste völlig neue Maßstäbe ansetzen: Der Diebstahl einer Handtasche, in der sich kein Bargeld, sondern nur Schminksachen befanden, ist aufgrund seiner Sinnlosigkeit gnadenlos zu ahnden. Bei Steuerhinterziehungen in Millionenhöhe hingegen müssen mildernde Umstände geltend gemacht werden, da die Tat zwar kriminell, aber immerhin höchst ertragreich und somit sinnvoll war. Philosophen und Esoteriker können aufhören, nach dem Sinn des Lebens zu suchen: Er wurde gefunden! Der Hinweis im Schaufenster bricht die Sinnfrage auf eine denkbar einfache Formel herunter: Wo Geld ist, da ist Sinn!

Nun fragt sich, was der Ladenbesitzer denn anderes hätte schreiben sollen. »Einbruch nutzlos«? Damit unterstellte man, dass Einbrüche auch nützlich sein können. »Einbruch nicht lohnend«? Das stellte das Wort »Lohn« in einen ähnlich fragwürdigen Zusammenhang wie den Sinn. Gehen wir analytisch vor: Bevor Einbrecher von der Polizei verfolgt werden, verfolgen sie selbst etwas, nämlich ein Ziel, einen Zweck. Und der »Zweck« an sich ist – anders als der von uns allen gesuchte Sinn – kein positiv besetztes Wort, sondern neutral. Erst ein Adjektiv wie »gut« macht den Zweck zu etwas Positivem. Einbrüche können folglich »zwecklos« sein, ohne im Umkehrschluss als »zweckvoll« aufgewertet zu werden. Sinn und Zweck gehen sprachlich zwar oft Hand in Hand, sind aber nicht gleichbedeutend. Eine Sache, die sinnvoll ist, kann trotzdem zwecklos sein – und umgekehrt.

Lassen wir Sinn und Zweck mal außer Acht, so bleibt immer noch die Frage, welche Methoden zur Abschreckung von Dieben und Einbrechern am wirkungsvollsten sind. Dazu gibt es die unterschiedlichsten Auffassungen. Viele setzen auf Alarmanlagen, andere auf Ausrufezeichen, manche auch auf Humor. Ein Kioskbesitzer im brandenburgischen Falkenberg lässt jeden wissen: »Einbruch zwecklos, die besten Dinge sind bereits geklaut.«

Authentifizieren Sie sich!

Post von einer Behörde ist selten erfreulich. Und schon gar nicht leicht verständlich. Viel zu komplizierte Sätze, viel zu viele Fremdwörter und ein Ton, der zwar nüchtern sein soll, dabei aber doch autoritär und strafend klingt. Da gerät selbst die gewöhnlichste Feststellung zu einer Anklage.

Es ist ein grauer Oktobermorgen, aus kahlen Baumkronen ist das Krächzen von Krähen zu vernehmen, gelegentlich begleitet vom Schäckern einer Elster. So bin ich passend eingestimmt, als ich beim Blick in den Briefkasten einen grauen Umschlag vom Finanzamt Hamburg-Mitte vorfinde. Um mich selbst gar nicht erst auf die Folter zu spannen, öffne ich ihn auf der Stelle. In dem nüchtern gestalteten Schreiben wird nicht viel Energie auf Höflichkeiten verwendet, schon im ersten Satz kommt es zu einer Anschuldigung: »Sie haben in der Vergangenheit Umsatzsteuer-Voranmeldungen ohne Authentifizierung übermittelt.« Ach du lieber Schreck!, denke ich und frage mich: Was bedeutet das? War das eine schwere Unterlassung? Kann man für so etwas ins Gefängnis kommen?

In Fettschrift geht es weiter: »**Ab dem 1. Januar 2013** müssen (Vor-) Anmeldungen **zwingend authentifiziert** übermittelt werden.« Aha, denke ich, ohne im Geringsten schlauer zu sein. Nur dass es um Zwänge geht, habe ich sofort begriffen. Dann folgt die alles erlösende Erklärung: »Das ergibt sich aus der ab dem 1. Januar 2013 geltenden Fassung des § 6 Abs. 1 Steuerdaten-Übermittlungsverordnung in Verbindung mit § 150 Abs. 6 Abgabenordnung.«

Nun ist alles klar. Oder nicht? Ich rätsle noch, was eine »authentifizierte Übermittlung« sein soll. Dank meines Fremdwörterbuchs bin ich zumindest in der Lage, für das griechischstämmige Wort »authentifiziert« die deutsche Entsprechung »beglaubigt« zu finden. Was ein »elektronisches Zertifikat« und »elektronische Lohnsteuerabzugsmerkmale« sind, die am 1. Januar 2013 eingeführt werden, kann ich hingegen nur erahnen. Immerhin wird mir im vierten Absatz klar, dass ich keine Straftat begangen habe. Was sich wie eine Anschuldigung las, sollte offenbar nur eine harmlose Feststellung sein. Das hätte man, mit etwas gutem Willen, auch anders formulieren können. Zum Beispiel so: »Bislang hatten Ihre Voranmeldungen kein spezielles Zertifikat, und das war auch nicht nötig. Aber nun hat sich das Gesetz geändert, und daher bitten wir Sie …« Oh, welch wirklichkeitsfremdes Wunschdenken! Wo doch ein jeder weiß: Behörden bitten nie, Behörden fordern auf! Auf Papier so grau wie dieser Morgen mit seinem Krähengekrächz.

Glücklicherweise kann ich den Wisch ignorieren. Soll sich mein Steuerberater damit befassen. Der wird den Krähen vom Finanzamt schon mitteilen, zu welcher Elster*-Gruppe ich gehöre.

Seit jeher ist Beamtendeutsch behäbig, hölzern und schwer verständlich. Dass es dazu kam, ist nicht etwa einem bedauerlichen Unfall zu schulden, sondern geschah absichtlich. Sprache wurde von den Herrschenden stets als Mittel zur Einschüchterung benutzt. Denn je weniger der Einzelne verstand, desto leichter war er zu beeindrucken und somit gefügig zu machen.

* »Elster« ist die Abkürzung für »Elektronische Steuererklärung«. Siehe auch Tabelle auf S. 159

Auch wenn es heute bei uns keine Monarchen oder Diktatoren mehr gibt, so ist der Staatsdienst noch immer weit davon entfernt, eine freundliche Serviceagentur des Gemeinwesens zu sein.

Zwar wurden in den vergangenen Jahren zahlreiche Anstrengungen unternommen, das Beamtendeutsch zu verbessern – in Hamburg gibt es mittlerweile spezielle Kurse, in denen Behördenmitarbeiter lernen, wie man Formulare und Anschreiben verständlich und »bürgernah« formuliert –, die Finanzbehörde hat daran aber offenbar noch nicht teilgenommen. Wenn sie sich an den Steuerzahler wendet, klingt es noch immer so, als ginge es ihr um Einschüchterung. Auch andere Behörden sind noch weit von dem entfernt, was man unter »verständlich« versteht.

Selbst als studierter Mensch muss man jedes Formular mehrmals lesen, um es zu begreifen. Im vergangenen Jahr erhielt ich einen Umschlag vom Bezirk Hamburg-Nord, der zwei Anträge und einen Stimmzettel zu einem Bürgerentscheid enthielt, in dem es um Abriss und Neubebauung eines alten Wohngebiets ging. Wenn man *dafür* war, musste man NEIN ankreuzen, war man *dagegen,* so sollte man mit JA stimmen. Es grenzt an ein Wunder, dass die Bürgerinitiative, die für den Erhalt der alten Häuser eintrat, trotz aller behördlicher Verwirrung am Ende die Mehrheit der Stimmen erhielt. Dass die alten Häuser dennoch abgerissen werden, ist hingegen kein Wunder, sondern schlicht und einfach Politik. Und die spricht bekanntlich immer eine klare Sprache. Wenn Sie anderer Meinung sind, kreuzen Sie JA an.

Das schmeckt aber gut!

Das Leben steckt voller Widersprüche. Als Kind hörte ich oft den Ausruf: »Du bist aber groß geworden!«, heute sagt man mir gelegentlich: »Das ist aber nett von Ihnen!« Warum »aber«? Hatte man etwas anderes von mir erwartet? Grund genug für ein Kapitel ohne Wenn, dafür aber mit ganz viel Aber.

Wann immer Henry ein neues Rezept ausprobiert, stelle ich mich gern als Testperson zur Verfügung. So auch an jenem herbstlichen Freitagabend, als es irgendetwas Pfiffiges mit Pfifferlingen in Pfefferrahmsoße gab. »Mmh, das riecht aber gut!«, schwärmte ich. »Wieso denn ›aber‹?«, fragte Henry skeptisch. »Hattest du etwas anderes erwartet?« – »Natürlich nicht!«, beteuerte ich. Henry streute ein paar Zutaten in die Soße und sagte: »Ich frage mich, wieso es immer heißt: Das duftet *aber* köstlich! Das schmeckt *aber* lecker! So als hätte man mit dem Gegenteil gerechnet, *aber* dann war's überraschenderweise doch genießbar!« – »Darüber habe ich mir bisher noch keine Gedanken gemacht«, gestand ich. »Aber jetzt, wo du's sagst, kommt es mir tatsächlich seltsam vor. Eigentlich ist die Sache sogar ganz witzig.« – »Die Sache ist nicht nur witzig«, stellte Henry fest, »sondern geradezu aberwitzig!«

Tatsächlich, aber wahr: Das Wörtchen »aber« ist uns so vertraut, dass es auf den ersten Blick keiner Erklärung bedarf. Bei näherer Betrachtung erweist sich »aber« jedoch als ausgesprochen vielschichtig. Da wäre zunächst seine Rolle als Bindewort, das einen Gegensatz oder eine Einschränkung einleitet: »Teuer, aber hässlich«, »Schön, aber zu klein«, »Klein, aber oho!«

So weit, so gut. Aber das ist erst der Anfang. Darüber hinaus erfüllt »aber« nämlich noch andere Funktionen. In gesprochener Sprache kann es, einem Chamäleon gleich, seine Farbe ändern und je nach Situation eine andere Bedeutung annehmen. Es kann Erstaunen ausdrücken: »Das ging aber schnell!« oder eine Ermahnung: »Sei aber vorsichtig!« Und wenn jemand auf eine Bitte erwidert: »Aber gern!«, dann bewirkt »aber« wiederum etwas anderes, nämlich eine Verstärkung.

Das Wörtchen »doch« ist genau so ein Fall. Als Bindewort markiert es – genau wie »aber« – einen Gegensatz: »Er rief um Hilfe, doch niemand hörte ihn.« In anderen Zusammenhängen dient es der Verstärkung: »Pass doch auf!«, »Das ist doch seltsam!«

Die Sprachwissenschaft hat für solche Wörter einen abschreckenden Fachbegriff: Sie nennt sie »Modalpartikeln«. »Partikeln« sind so etwas wie die Krebstierchen im Ozean der Sprache: klein, unscheinbar und überaus vielfältig.* Es gibt Ausrufepartikeln (»ätsch!«, »huch!«, »oho!«), Lautmalereipartikeln (»Brrr!«, »kikeriki«, »miau«, »plumps«, »tatütata«, »wusch«, »zack«), sodann Steigerungspartikeln (»etwas«, »ganz«, »sehr«, »ziemlich«) und eben jene Modalpartikeln, die hauptsächlich in der gesprochenen Sprache eine Rolle spielen. Man nennt sie auch »Abtönungspartikeln«, was vielleicht eher an Acrylfarben oder Hautcremes denken lässt als an Grammatik. Noch anschaulicher ist die Bezeichnung »Würzwörter«. Tatsächlich verleihen diese

* Falls Sie gerade stutzig wurden: Die Endung mit »n« ist richtig. In der Physik kennt man »das Partikel« in der Einzahl und »die Partikel« in der Mehrzahl. In der Sprachwissenschaft aber ist das Wort »Partikel« weiblich und wird in der Mehrzahl zu »die Partikeln«. Partikeln sind unflektierbare Wörter. Auch Artikel sind Partikeln.

Wörter dem Gesprochenen die gewünschte Würze: Mal wird eine Äußerung dadurch kräftiger, mal milder. Die am häufigsten verwendeten Modalpartikeln sind:

aber (»Jetzt ist aber genug!«)
auch (»So toll ist er auch nicht.«)
bloß (»Ich frag ja bloß.«)
denn (»Was ist denn dabei?«)
doch (»Das ist mir doch egal!«)
eben (»Dann bleibst du eben zuhause.«)
eigentlich (»Wusstest du das eigentlich schon?«)
einfach (»Ich möchte das einfach nicht!«)
etwa (»Hast du das etwa gewusst?«)
halt (»Dann sage ich halt nichts mehr.«)
ja (»Pass ja auf!«, »Ich hab's ja nur gut gemeint.«)
mal (»Das ist mal wieder typisch.«)
nur (»Ich würd's nur gerne wissen!«)
ruhig (»Du kannst ruhig mal was für deine Gesundheit tun!«)
schon (»Das ist schon etwas schwieriger«, »Wer könnte das schon sagen?«)
überhaupt (»Das kommt überhaupt nicht in Frage!«)
vielleicht (»Du hast vielleicht Nerven!«, »Der war vielleicht lustig!«)
wohl (»Du spinnst wohl!«)

Diese lassen sich übrigens auch miteinander kombinieren:

Das war *aber auch* nötig!
Wer hat *denn eigentlich* gewonnen?
Das ist *ja wohl* die Höhe!
Komm *doch ruhig mal* wieder vorbei.

Deutschen Muttersprachlern bereiten diese kleinen würzenden Wörter kaum Schwierigkeiten: Wir nehmen sie

quasi mit der Muttermilch auf und gebrauchen sie intuitiv. Wer hingegen Deutsch als Fremdsprache lernt, hat mit den Modalpartikeln seine liebe Not. In anderen Sprachen gibt es meistens keine wörtliche Entsprechung dafür. Im Englischen gibt es immerhin ein paar wie »actually«, »just«, »really« und »anyway«, aber »Du bist ja verrückt!« heißt nicht etwa »You're yes crazy!«, und die Feststellung »Das war's dann wohl!« lässt sich nicht mit »That was it then well!« übersetzen.
Lehrer, die Deutsch als Fremdsprache unterrichten, müssen daher einige Verrenkungen leisten, um zu erklären, was genau diese Wörter bedeuten und in welchem Zusammenhang sie zum Einsatz kommen.

Aufgrund seiner Vielseitigkeit stellt »aber« unter den Bindewörtern und Modalpartikeln einen ganz besonderen Fall dar. Entstanden vor Aberhunderten von Jahren durch Steigerung des Wortes »ab« (= hinfort, weg), hatte »aber« zunächst die Bedeutung »weiter weg«, später dann auch »wieder, noch einmal«.

Darum findet es sich auch als Vorsilbe in unterschiedlichen Bedeutungen: Im »Aberglauben« steht es für das Abweichende, das Verkehrte, in »abermals« für die Wiederholung. Veraltet, aber in der Landwirtschaft noch zu finden ist die »Abersaat«, die zweite Saat. Zur Gruppe der Abweichler gehören noch der »Abersinn« und der »Aberwitz«, zur Gruppe der Wiederholer »aberhundert« und »abertausend«. (Das Wort »aberkennen« aber gehört in keine von beiden.)

Am eindrucksvollsten werden die Verwendungsmöglichkeiten von »aber« am Beispiel von »witzig« offenbar. Vor diesem Wort kann »aber« drei verschiedene Bedeutungen annehmen: Einschränkung, Verstärkung und Übersteigerung.

Das ist nicht klug, aber witzig. (= immerhin witzig)
Das ist aber witzig! (= sehr witzig)
Das ist aberwitzig. (= verrückt/wahnsinnig)

Damit aber ist der Aberei noch nicht genug! Früher leistete das Wörtchen »aber« nämlich noch mehr: Bei Luther findet es reichlich Verwendung als Bindewort, das keinen Gegensatz hervorhebt, sondern auf etwas anderes, Neues hinweist. Da die Bibel über lange Strecken nur aus Aufzählungen zu bestehen scheint, bot »aber« eine willkommene Abwechslung zum »und«:

> Es zogen aber mit ihm Sopater aus Beröa, des Pyrrhus Sohn, aus Thessalonich aber Aristarch und Sekundus, und Gajus aus Derbe und Timotheus, aus der Provinz Asien aber Tychikus und Trophimus. (Apg 20,4)

Wenn einem dieser alte »aber«-Sinn nicht klar ist, kann man die Bibel gründlich missverstehen. Dann erscheint sie einem nicht als ein Buch voller Verheißungen, sondern als ein Buch voller Widersprüche, in dem keiner, aber auch keiner tut, was von ihm erwartet wird: »Abraham aber nahm nochmals ein Weib«, »Moses aber nahm seinen Stab und schlug zweimal gegen den Felsen«, »Der Engel aber sprach: Fürchtet euch nicht«, »Jesus aber nahm die Brote, dankte und gab sie den Jüngern, die Jünger aber denen, die sich gelagert hatten«.

Luthers Bibelübersetzung enthält Aberhunderte solcher »aber«, wenn nicht Abertausende. Auch die Weihnachtsgeschichte beginnt mit einem »aber«, das keinen Gegensatz erzeugen will, sondern eine Verbindung: »Es begab sich aber zu der Zeit, dass ein Gebot von dem Kaiser Augustus ausging, dass alle Welt geschätzt würde.« Dies bedeutet nichts anderes als »Und es begab sich zu der Zeit«. Als »und« findet »aber« in der heutigen Praxis keine Verwendung mehr, dank der Bibel aber ist es erhalten geblieben und trägt in unser Gehör einen geradezu weihevollen Klang.

Abermals zeigt sich, dass »aber« tiefgründiger ist, als es auf den ersten Blick erscheint. Ob »aber« ein Verbot verheißt, ob's wie bei Luther »und« bedeutet, ob Aberglaube, Abersinn, ob zwar dies, aber auch das, ob er aber über Oberammergau oder aber über Unterammergau: »aber« ist zu den aberwürzigsten Dingen da! Aber hallo, aber sicher, aber ja!

Ist *in Deutsch* genauso gut wie *auf Deutsch*?

Wenn das nicht verrückt ist: Allerorten wird über den Zustand der deutschen Sprache diskutiert, werden Vereine und Initiativen zu ihrer Rettung gegründet, sogar ein »internationaler Tag der Muttersprache« wurde ausgerufen, und wir wissen nicht einmal, ob sich etwas besser *in Deutsch* oder *auf Deutsch* anhört.

Einer meiner Freunde arbeitet für eine Berliner Plattenfirma. Bei unserer jüngsten Begegnung erzählte er mir, dass er gerade eine CD mit deutschsprachigen Versionen alter Grand-Prix-Siegertitel zusammenstelle. Das stimmte mich sentimental, denn die meisten der besagten Lieder kenne ich schon aus meiner Kindheit. Früher war es durchaus üblich, fremdsprachige Hits einzudeutschen. Oft waren es hiesige Sänger, die ein international erfolgreiches Lied mit einem deutschen Text nachsangen; nicht selten aber waren es die Grand-Prix-Gewinner selbst, die ihr Lied in mehreren Sprachen aufnahmen. Selbst die Gruppe Abba hat seinerzeit eine deutschsprachige Version von »Waterloo« auf den Markt gebracht. Mitte der 80er geriet das Eindeutschen dann allerdings aus der Mode. Der irische Sänger Johnny Logan, der zweimal den Grand Prix gewann, hatte von seinem Siegertitel aus dem Jahr 1980 noch eine deutsche Fassung aufgenommen: »What's another year« wurde zu »Was ist schon ein Jahr«. Als er sieben Jahre später erneut den Grand Prix gewann, diesmal mit dem Lied »Hold me now«, nahm er davon keine deutsche Version mehr auf. Das lag gewiss nicht an ihm, sondern am deutschen Markt, der sich inzwischen so sehr ans Englische gewöhnt hatte, dass deutsche Texte es immer schwerer hatten, sich in der Unterhaltungsmusik zu behaupten.

Die CD sei schon so gut wie fertig, sagte mein Berliner Freund, es fehle nur noch der passende Titel. Und da könne ich ihm doch gleich mal einen Rat geben, denn er sei sich nicht sicher, ob es »Grand-Prix-Hits in Deutsch« heißen müsse oder »Grand-Prix-Hits auf Deutsch«.

In Deutsch oder auf Deutsch – das ist eine Frage, die in der Tat nicht leicht zu beantworten ist. Doch wenn etwas knifflig ist, ist es nur umso reizvoller, und so habe ich einige Recherchen angestellt. Dabei konnte ich feststellen, dass vielen Menschen die Kombination »in Deutsch« Unbehagen bereitet. Oft wird die Vermutung geäußert, dass es sich dabei um einen Anglizismus handele, zumal »auf Deutsch« auf Englisch »in German« heißt. Einige andere wiederum halten »auf Deutsch« für die altbackene, volkssprachliche Variante und meinen, »in Deutsch« sei moderner und zeitgemäßer. An Vermutungen und Meinungen mangelt es nicht, sondern – wie so oft – an klaren Regeln.

Ein Leser aus Ungarn schrieb mir, er habe gelernt, dass die Präposition »in« bei Sprachen nur dann verwendet würde, wenn eine nähere Bestimmung vorhanden sei, wenn also zwischen »in« und der jeweiligen Sprache noch ein Zusatz stehe: »in fließendem Französisch«, »in gehobenem Deutsch« oder »in leicht verständlichem Englisch«.

Damit hatte er insofern Recht, als es immer »in« heißt, wenn vor der Sprache noch ein näher bestimmendes Wort steht. Man wird also nicht irgendetwas »auf fließendem Französisch« sagen oder Briefe »auf leicht verständlichem Englisch« schreiben oder sich »auf gebrochenem Deutsch« verständigen, sondern allenfalls *in* demselben.

Nur in einem einzigen Fall steht »auf« vor einer näher bestimmten Sprache, nämlich wenn es »auf gut Deutsch« heißt. Hierbei handelt es sich aber um eine feststehende Wendung, die – wie so manches Althergebrachte – zu den Ausnahmen zählt.

Der Umkehrschluss des ungarischen Lesers, dass es ohne eine zusätzliche Bestimmung immer »auf« heißen müsse, lässt sich jedoch nicht überprüfen. Der Duden mag sich in dieser Frage nicht festlegen und konzentriert sich stattdessen lieber darauf, den Unterschied zwischen großem *Deutsch* und kleinem *deutsch* zu erklären.

Man kann indes festhalten, dass in Verbindung mit Verben des Ausdrucks (wie sprechen, schreiben, erzählen, aber auch träumen, denken und singen) die Verwendung von »auf« üblich ist:

> Sag's auf Deutsch!
> Ich schreibe dir auf Deutsch.
> Letzte Nacht habe ich auf Spanisch geträumt!
> Ich kann dich auf Französisch nicht verstehen.
> Er sang immer nur auf Englisch.

»In Deutsch« ist die Verkürzung von »in deutscher Sprache«. Texte, Bücher, Filme und Lieder können »in Deutsch« sein, wenn man sich das vollständige »in deutscher Sprache verfasst« dazudenkt. Ein in deutscher Sprache geschriebenes Theaterstück darf als »ein Stück in Deutsch« angepriesen werden, weil es »ein in deutscher Sprache geschriebenes Stück« ist, und wer eine Buchausgabe in englischer Sprache sucht, begeht keinen Fehler, wenn er sich beim Buchhändler erkundigt, ob das Buch auch »in Englisch« vorrätig sei.

Wie bei vielen Verkürzungen handelt es sich auch bei »in Deutsch« um eine Modeerscheinung der jüngeren Zeit. In älteren Texten ist die Verkürzung »in Deutsch« nicht zu finden, da hieß es immer umständlich-vollständig »in deutscher Sprache«. Früher war außerdem noch eine weitere Variante geläufig, nämlich »zu Deutsch«. Formulierungen wie »zu Deutsch gesagt« oder »das heißt zu Deutsch« waren noch vor einigen Jahrzehnten durchaus üblich. Inzwischen wird »zu Deutsch« höchstens noch ironisch verwendet.

Dass die Form »in Deutsch« an Boden gewinnt, ist durch das englische Vorbild zweifellos begünstigt worden. Dank des Englischen ist die Präposition »in« bei uns in.

Noch aber ist »auf Deutsch« vorherrschend. Wenn man die Varianten »in Deutsch« und »auf Deutsch« googelt, so erhält man mehr als doppelt so viele Treffer für »auf Deutsch«. Und die meisten der »in Deutsch«-Treffer führen zu Seiten von Schulbuchverlagen, die Titel wie »Besser in Deutsch« oder »Aufsteigen in Deutsch« im Programm führen. Hier ist mit »Deutsch« dann nicht die Sprache, sondern das Schulfach gemeint. Wer »Vorträge in Deutsch« hält, ist entweder ein Lehrer oder ein Schüler. Wer »Vorträge auf Deutsch« hält, kann hingegen auch ein Mediziner, Rechtswissenschaftler oder Klimaforscher sein.

Da »auf Deutsch« den meisten Menschen vertrauter erscheint, habe ich meinem Berliner Freund geraten, die CD »Grand-Prix-Hits auf Deutsch« zu nennen, umso mehr, als die meisten der Titel aus einer Zeit stammen, als es noch sehr viel selbstverständlicher war, *auf Deutsch* zu dichten und *auf Deutsch* zu singen.

Inzwischen ist die CD erschienen, und tatsächlich heißt sie »12 Points – Grand-Prix-Hits auf Deutsch«. Vicky Leandros ist dabei, Marianne Rosenberg und Heidi Brühl. Und selbstverständlich Abba. Auf Deutsch, wohlgemerkt! Über die Qualität der Texte lässt sich streiten, aber das war ja schon immer so. Denn wie schon Goethe schrieb: »Ob sich gleich *auf deutsch* nichts reimet, reimt der Deutsche dennoch fort.«

Für Matthias und Kai

Zum Gebrauch der Präpositionen »zu/nach«:
»Ich geh nach Aldi« (»Dativ«-Band 3)

Zur Frage **»auf Mallorca/in Mallorca«** siehe Zwiebelfisch-Abc (»Dativ«-Band 3)

Zur Verwechslung von **»durch/von«** siehe Zwiebelfisch-Abc (»Dativ«-Band 3)

In oder nach 300 Metern abbiegen?

Frage einer Leserin aus Hamburg: In unserem Unternehmen, das unter anderem Software für Pkw-Navigationssysteme entwickelt, bin ich für Sprache rund um Navigationsansagen zuständig.

Immer mal wieder gibt es Diskussionen darüber, ob bei dem Hinweis auf die Entfernung bis zum nächsten Fahrmanöver die Präposition »nach« oder »in« richtig ist.

Konkret: Muss es heißen »*Nach* 300 Metern rechts abbiegen« oder »*In* 300 Metern rechts abbiegen«, oder ist beides richtig? Da ich leider zu dieser Frage in Nachschlagewerken keine eindeutige Antwort gefunden habe, würde mich Ihre Meinung dazu interessieren.

Antwort des Zwiebelfischs: Es ehrt mich, dass Sie sich in dieser Frage an mich wenden. Man bekommt schließlich nicht jeden Tag die Chance, bei etwas so Wichtigem wie der Programmierung der Navi-Ansage mitreden zu dürfen. Danach richtet sich am Ende womöglich ganz Deutschland.
Die Präpositionen (zu Deutsch: Umstandswörter) »nach« und »in« sind ein seltsam ungleiches Paar, das weiß jeder, der schon mal vor der Frage stand, ob er *nach* Griechenland oder *in* die Türkei fahren soll. Sie konkurrieren nicht nur bei Fragen der Entfernung miteinander, sondern auch bei Fragen der Dauer. Ihr Einsatzgebiet ist also sowohl räumlich als auch zeitlich definiert.

Nachstehend einige Beispiele für den Gebrauch von »in« und »nach« mit zeitlicher Bedeutung:

»Wir trafen uns nach zwei Jahren wieder.«
»Wir sehen uns in zwei Tagen!«

»Nach einer Woche werden Sie sich besser fühlen!«
»Kommen Sie in einer Woche wieder.«

Das »nach« legt den Aspekt auf die Dauer. Man sieht dabei förmlich die Zeiger der Uhr vorangehen.

Das »in« markiert hingegen einen genauen Punkt in der Zukunft. Die Zeiger der Uhr werden gewissermaßen vorgestellt.

Die gleiche Unterscheidung lässt sich auch in räumlicher Hinsicht machen. Wenn es um das Zurücklegen einer Strecke von x Metern geht, steht meistens »nach«:

»Nach 200 Metern rechts halten.«
»Nach der nächsten Ampel links abbiegen!«

Wenn es nicht um die zurückzulegende Strecke geht, sondern nur um die Festlegung (Verortung) eines Punktes, wird oft »in« gebraucht:

»Nächste Abfahrt in fünf Kilometern!«
»In 200 Metern befindet sich ein Hinweisschild.«

Zeitlich wie räumlich markiert »in« einen konkreten Punkt (in der Zukunft, in der Entfernung), während »nach« das Verstreichen einer gewissen Dauer oder die Überwindung einer gewissen Strecke ausdrückt.

In Ihrem konkreten Fall würde ich für »nach« plädieren, zumal damit klar ist, dass man diese Strecke von 300 Metern erst einmal zurückgelegt haben muss, um dann rechts abbiegen zu können. Ich wünsche Ihnen allzeit gute Fahrt und hoffe, dass Sie *nach* einer arbeitsreichen Strecke sicher *in* den verdienten Urlaub abbiegen!

Neues aus dem Bezirk

Dass ich langsam älter werde, merke ich unter anderem daran, dass gewisse Neuerungen mich erst mit einer deutlichen Verzögerung erreichen. Zum Beispiel ein neuer städtischer Ordnungsdienst, den es schon seit sechs Jahren gibt. Und so manches neue Wort. Zum Glück ist man nie zu alt, um noch hinzuzulernen.

Meine Nachbarin Frau Jackmann besucht seit Kurzem einen Italienischkurs an der Volkshochschule. »Ich sehe das aber ganz locker«, erklärte sie mir, »nicht so verbissen wie diese Toscana-Pilger. Ich gehe die Sache ganz ruhig an und lerne jeden Tag ein neues Wort. Wenn ich das durchhalte, ist mein Wortschatz im Sommer groß genug, um mir auf Italienisch Schuhe in meiner Größe und einen Cappuccino mit richtiger Schlagsahne zu bestellen.« Raunend fügte sie hinzu: »Mit ihrem mageren Milchschaum können die mich jagen! Das hat doch nichts mit ›la dutsche vita‹ zu tun.«

Frau Jackmanns Vorsatz ist so löblich, wie ihre sahnesüchtigen Beweggründe verständlich sind. Wenngleich ich keinen Volkshochschulkurs besuche, so kann ich doch behaupten, dass auch ich jeden Tag ein neues Wort lerne. Allerdings handelt es sich dabei nur selten um italienische Wörter. Die meisten neuen Wörter, die ich lerne, sind deutsch. Denn in seiner Muttersprache lernt man wohl nie aus. Ein kluger Mensch hat mal gesagt: »Eine fremde Sprache kann man in sechs Wochen erlernen, für die eigene reicht das Leben nicht.« Also nutze ich die mir verbleibende Lebenszeit und lerne täglich ein Wort hinzu.

Heute zum Beispiel habe ich ein neues Adjektiv kennengelernt. Das wurde wohl auch höchste Zeit, denn für andere

Hamburger ist dieses Adjektiv offenbar längst selbstverständlich. Jedenfalls prangte es in großen Buchstaben auf einem dunkelblauen Fahrzeug der Stadt: »Bezirklicher Ordnungsdienst« stand dort zu lesen.

Dass man vom Wort »Bezirk« überhaupt ein Adjektiv bilden kann, war mir gar nicht bewusst. Nicht, dass ich es für ausgeschlossen gehalten hätte, aber ich bin einfach noch nie in die Verlegenheit geraten, vom Wort Bezirk ein Adjektiv bilden zu müssen. Bislang hatte die Zusammensetzung mit Fugen-s genügt, um alles zu beschreiben, was den Bezirk betraf: Bezirksversammlung, Bezirksamt, Bezirkswahlen. Der Leiter eines Bezirksamtes war immer der Bezirksamtsleiter und nie ein »bezirklicher Amtsleiter«.

Auf der Internetseite der Stadt Hamburg kann man erfahren, dass der Bezirkliche Ordnungsdienst vielerlei Funktionen hat. Seine Hauptaufgabe besteht darin, an der »Entwicklung eines Wohlgefühl-Empfindens« im jeweiligen Bezirk mitzuwirken. Es handelt sich demnach um eine Art Aushilfspolizei, die die Einhaltung des Maulkorbzwanges von Kampfhunden kontrolliert, Umweltverschmutzern nachstellt und unerlaubte Grillpartys beendet. Der »Bezirkliche Ordnungsdienst« verfügt über eigene Fahrzeuge, fesche polizeiähnliche Uniformen und eine eigene offizielle Abkürzung: BOD. Laut Wikipedia existiert er bereits seit 2006. Dass er mir erst jetzt aufgefallen ist, spricht für eine überaus diskrete Einsatzweise.

Warum er kein »Bezirksordnungsdienst« ist, werde ich sicherlich auch noch irgendwann begreifen. Vielleicht haben sich die Erfinder gesagt: »Das Wort *Bezirksordnungsdienst* passt auf keine Fahrzeugtür, jedenfalls nicht am Stück. Es müsste sowieso immer an irgendeiner Stelle getrennt werden. Da kann man's besser gleich in zwei Bestandteile zerlegen.«

Natürlich ist das Wort »bezirklich« nicht falsch. Die deutsche Sprache ist elastisch genug, um die Bildung eines solchen Adjektivs zuzulassen. Im Duden und im Wahrig ist es gleichermaßen gelistet. Und wenn man es googelt, kann man feststellen, dass es nicht nur bezirkliche Ordnungsdienste gibt, sondern auch bezirkliche Seniorenberatung und bezirkliche Frauenbeauftragte. Zudem hat die Endung »-lich« über bezirkliche Grenzen hinaus bereits Schule gemacht. Es gibt eine »kreisliche Abfallentsorgung« und einen »gemeindlichen Vollzugsdienst«. Es ist vermutlich nur noch eine Frage der Zeit, bis wir alle wie selbstverständlich anstelle von Gemeindewahlen und Landesregierungen von »gemeindlichen Wahlen« und »landlichen Regierungen« sprechen. Im verwaltlichen Wesen ist mehr möglich, als man kleinlich-allgemeinlich denkt. Das gilt nicht nur deutschlandlich, sondern auch österreichlich: Ein Leser schickte mir ein Foto von einem Schild, das er in der Nähe von Wien gesichtet hatte. Darauf stand »Befristetes jagdliches Sperrgebiet – Betreten verboten«. Bei dem »jagdlichen« Wiewort handelte es sich vielleicht noch um einen revierlichen Einzelfall, aber man kann nie wissen. Ich bin für alles offen und lerne, wie gesagt, gerne jeden Tag ein neues Wort hinzu.

Weiteres zum behördlichen Deutsch:

»Die Übermacht der -ierungen« (»Dativ«-Band 1)
»Deutsch ins Grundgesätz!« (»Dativ«-Band 4)
»Authentifizieren Sie sich!« (in diesem Buch auf S. 188)

Was gewesen war

Die Vergangenheit lässt sich nicht ändern und auch nicht zurückholen. Aber sie ließ sich schon immer auf unterschiedliche Weise darstellen: im Perfekt oder im Präteritum – oder mit anderen Mitteln. Dabei waren auch immer schon Fehler gemacht worden. Erfahren Sie ein paar Dinge über das Plusquamperfekt, die Sie vielleicht noch nicht gewusst gehabt hatten.

In einer jener Gerichtssendungen, wie sie eigentlich gerichtlich verboten werden sollten, wird eine gewisse Vanessa (Mitte 20, dreifache Nasenpiercingträgerin) nach ihrer Beziehung zu jenem Mann befragt, dem ein Autodiebstahl zur Last gelegt wird. »Hatten Sie mit dem Angeklagten ein Verhältnis?«, will der Staatsanwalt von ihr wissen. Vanessa gibt sich entrüstet: »Wie jetzt: Ich? Nee, also echt nicht, mit dem da hatte ich nichts gehabt.« Die Richterin blickt über den Rand ihrer Brille; zwar sagt sie nichts, aber ihr ist anzumerken, dass sie Vanessa vermutlich nicht für einen Recall vorschlagen würde. Der Staatsanwalt hakt nach: »Eine Zeugin behauptet, Sie kurz vor der Tat zusammen mit dem Angeklagten in einem Café gesehen zu haben. War es so?« – »Nee, das war ich nicht gewesen!«, beteuert Vanessa. »Echt nicht!«

Das wäre jetzt die Chance für den Staatsanwalt, Vanessa in die Enge zu treiben, indem er klarstellte: »Ich habe nicht gefragt, ob Sie *gehabt hatten* oder *gewesen waren,* sondern ob Sie hatten oder waren!« Doch das tut er nicht. So etwas steht nicht in seinem Drehbuch.

Gerichtssendungen, so wird behauptet, seien erschaffen worden, um die Funktionsweise unseres Rechtssystems einem breiten Publikum nahezubringen. Mehr noch scheinen sie dafür geschaffen, Besonderheiten des Sprachgebrauchs zu demonstrieren. In diesem Fall die Verwendung des Plusquamperfekts.

Plusquamperfekt bedeutet wörtlich übersetzt »mehr als vollendet« und wird auf Deutsch auch »vollendete Vergangenheit« genannt. Es ist eine Art Aushilfszeit, die nur dann zum Einsatz kommt, wenn es gilt, zwei unterschiedliche Zeitabläufe in der Vergangenheit zu unterscheiden: das eine, das *geschah,* nachdem zuvor etwas anderes *geschehen war.* Dass das Römische Reich im Präteritum *unterging,* lag unter anderem daran, dass es zuvor im Plusquamperfekt von den Goten *überrannt worden war.*

Daher wird das Plusquamperfekt auch Vorvergangenheit genannt. Mit diesen Begriffen kann man als Laie oder Anfänger vermutlich nicht viel anfangen. Als ich in der vierten Klasse zum ersten Mal das Wort »Plusquamperfekt« hörte, taufte ich es um in »Kaulquappenkonfekt«. Das war anschaulicher und ließ sich besser behalten.

Und noch etwas ließ sich gut behalten, weil es wie eine Warnung vor Trickbetrügern klingt: »Das Plusquamperfekt tritt niemals allein auf.« Es braucht nämlich immer einen Komplizen. Gemeint ist damit eine zweite Vergangenheitsform, auf die es Bezug nehmen kann, so wie in diesen Beispielen:

> Was er früher getan hatte, stand jetzt nicht zur Debatte.

> Was im letzten Schuljahr noch die Ausnahme gewesen war, ist in diesem Jahr die Regel geworden.

Im ersten Satz ist der Komplize des Plusquamperfekts das Präteritum, im zweiten das Perfekt, beide auch bekannt als »einfache Vergangenheit« und »vollendete Gegenwart«.

Auf der Internetseite mein-deutschbuch.de erfährt man unter der Überschrift »Was man über das Plusquamperfekt wissen sollte«:

> Das Plusquamperfekt, auch die **Vorvergangenheit** genannt, ist das Tempus der **Vorzeitigkeit** gegenüber dem Präteritum und dem Perfekt. Es gibt die Vergangenheit wieder, die **vor** dem Präteritum/Perfekt geschehen war und die für die Handlung im Präteritum/Perfekt wichtig ist.

Dummerweise enthält ausgerechnet diese Erklärung ein falsches Plusquamperfekt. Richtig müsste es heißen: »Es gibt die Vergangenheit wieder, die vor dem Präteritum/Perfekt geschehen ist«, denn für ein »geschehen war« fehlt der Anlass, genauer: die Vergangenheit. Wo es keine Vergangenheitsform gibt, bedarf es auch keiner Vorvergangenheit. Auch in einer Erklärung über das Plusquamperfekt nicht.

Bindewörter wie »bevor«, »nachdem« und »zuvor« helfen dabei, den Wechsel von einer Vergangenheitsebene zu einer anderen kenntlich zu machen. Sie wirken wie ein Signal für den Einsatz des Plusquamperfekts:

> Bevor sie Filialleiterin wurde, hatte sie als Kassiererin gearbeitet.
>
> Nachdem er sich gründlich in Köln umgesehen hatte, kaufte er sich eine Wohnung in Düsseldorf.

Das Verhältnis von Vergangenheit und Vorvergangenheit lässt sich mit folgender Formel darstellen: *Nachdem das Plusquamperfekt seine Arbeit erledigt hatte, übernahm das Präteritum.*

Wenn eine Sprecherin des ARD-Nachtmagazins nach einem Gespräch mit einem zugeschalteten Minister in Richtung Kamera behauptet: »Und das Interview hatten wir vor der Sendung aufgezeichnet«, dann ist ein Plusquam zu viel Perfekt im Spiel. Es sei denn, der Satz ginge noch weiter und nähme auf ein anderes Ereignis Bezug: »Das Interview hatten wir vor der Sendung aufgezeichnet, bevor bekannt wurde, dass der Minister am selben Abend zurücktreten würde.«

Für die Beschreibung der einfachen Vergangenheit stehen das Präteritum und das Perfekt zur Verfügung: »Früher war alles anders« oder »Früher hat es so was nicht gegeben«. Es wäre des Vergangenen zu viel, wenn man sagte: »Früher war alles besser gewesen« und »Früher hatte es so was nicht gegeben« – womöglich noch verstärkt durch ein zusätzliches »gehabt«: »Früher hatte es so was nicht gegeben gehabt.«

In der Umgangssprache wird das Plusquamperfekt oft überstrapaziert, dafür kommt es in der Zeitungssprache regelmäßig zu kurz. So wie das Präsens herhalten muss, wenn eigentlich eine Vergangenheitsform gefordert wäre (»Mann springt von Brücke«), so bedient sich der Journalismus gern des Präteritums, wenn eigentlich das Plusquamperfekt gefragt wäre.

Ein Leser fragte mich, ob die Überschrift »Tote Touristin gönnte sich USA-Reise zum Geburtstag« (Welt Online, 10. August 2010) nicht besser lauten sollte: »... hatte sich

USA-Reise zum Geburtstag gegönnt«. In grammatischer Hinsicht lag er mit dieser Vermutung richtig. Aber selbst im Plusquamperfekt bliebe das Paradoxon, das immer dann entsteht, wenn Zeitungen über das Leben von Toten berichten.

Ein andermal wandte sich ein Krimiautor mit einer Frage an mich. Anlass war eine kleine Meinungsverschiedenheit zwischen ihm und seiner Lektorin. Es ging dabei um folgenden Satz: »Das letzte Mal, dass er diesen Ausdruck in seinem Gesicht sah, hatte ein Mensch dran glauben müssen.« Die Lektorin wollte den Satz umformulieren und das Plusquamperfekt durch Präteritum ersetzen: »Das letzte Mal, dass er diesen Ausdruck in seinem Gesicht sah, musste ein Mensch dran glauben.« Der Autor wollte nun von mir wissen, wer von beiden richtiglag. Die Antwort darauf lautete: keiner von beiden. Denn in diesen Satz gehört zwar das Plusquamperfekt, aber nicht nur einmal, sondern gleich zweimal: »Das letzte Mal, dass er diesen Ausdruck in seinem Gesicht gesehen hatte, hatte ein Mensch dran glauben müssen.« Beide Handlungen (einen Gesichtsausdruck sehen und dass jemand dran glauben muss) sind Teil einer Erinnerung. Erzählt wird in der Vergangenheit, daher ist dies eine Rückblende in die Vorvergangenheit und somit ein Fall für Kommissar Plusquamperfekt, dem es sicherlich ein Vergnügen gewesen wäre, an dieser Stelle gleich doppelt in Erscheinung treten zu dürfen.

Wie auch immer man das Plusquamperfekt bewertet, am Ende gelangt man zu der Erkenntnis: Nicht alles, was gewesen war, hätte sein haben müssen. Ich belasse es daher bei diesem Gedicht:

Ein Freund von mir reiste sehr gerne auf Spesen.
Wo immer ich hinkam, war er längst gewesen.
Was immer ich sah, hatte er schon gesehen.
Was immer geschah, das war ihm schon geschehen.
Ein Buch, grad erschienen, hatte er längst gelesen.
Ein Film, neu im Kino: Nein, der war nichts gewesen!
Als ich eine Frau fand: belesen, charmant!
Da hatte er sie tatsächlich schon vor mir gekannt.
Jetzt weiß ich, was hinter »gehabt hatte« steckt,
Und bin auf der Hut vor dem Plusquamperfekt.

Weiteres zum Gebrauch der Zeiten:

»Das Ultra-Perfekt« (»Dativ«-Band 1)
»Das Imperfekt der Höflichkeit« (»Dativ«-Band 2)
»Die unendliche Ausdehnung der Gegenwart« (in diesem Buch auf S. 67)

Sei oder wäre?

Frage eines Lesers aus Köln: Immer wieder lese oder höre ich Konstruktionen folgender Art: »Er dachte, es sei falsch« oder »Er glaubte, es sei genug«. Muss es in solchen Fällen nicht »wäre« heißen? Vor allem, wenn solche Annahmen sich als falsch erweisen, also irreal sind? Ist »sei« nicht ein Wort, das ausschließlich in der indirekten Rede verwendet wird, wie bei »Er sagte, er sei müde«? Ich finde zu diesem Punkt einfach keine klare Regel. Daher würde ich mich freuen, wenn Sie meine Frage einmal in einer Kolumne aufgriffen.

Antwort des Zwiebelfischs: Wie könnte ich eine mit so viel höflichem Konjunktiv gestaltete Bitte ausschlagen? Zunächst einmal ist es richtig, dass die Form »sei« in indirekter Rede verwendet wird. Und damit haben Sie Ihre Frage eigentlich schon selbst beantwortet, denn auch »Er dachte, es sei« und »Er glaubte, es sei« sind Formen der indirekten Rede. Ob etwas gesagt, gedacht oder geglaubt wird, ist nämlich unerheblich: In jedem Fall handelt es sich um die Wiedergabe einer Vermutung, einer persönlichen Einschätzung.

Wer etwas sagt oder behauptet, kann sich dabei übrigens genauso im Irrtum befinden wie jemand, der etwas denkt oder glaubt. Woher wissen wir, dass jemand die Wahrheit spricht, wenn er sagt, er sei müde? Womöglich ist das nur eine Ausrede!

Weil die Wahrheitsfindung oft viel zu schwierig ist, unterscheidet die Grammatik nicht zwischen »trifft zu« und »trifft nicht zu«, sondern zwischen »wird als zutreffend dargestellt« und »könnte unter gewissen Bedingungen zutreffen oder zugetroffen haben«, also zwischen Tatsachenbehauptung und dem Aufzeigen einer Möglichkeit. Wenn es um die Wiedergabe von Tatsachenbehauptungen geht, ist der Konjunktiv I gefragt. Und den kümmert es nicht im Geringsten, ob sich die Behauptung im Nachhinein als richtig oder falsch herausstellt.

Mit dem Konjunktiv I lässt sich noch die offensichtlichste Lüge darstellen:

> Eva sagte, sie *sei* der Schlange nie begegnet.

> Der Baron behauptete, er *habe* sich selbst an den Haaren aus dem Sumpf gezogen.

Eva und der Baron haben mit ihren Behauptungen eine jeweils eigene Version der Wirklichkeit erschaffen, und das genügt der Grammatik, um den Konjunktiv I mit der indirekten Wiedergabe zu beauftragen.

Der Konjunktiv II hingegen tritt auf den Plan, wenn es um die Beschreibung einer Möglichkeit geht: um das, was passieren könnte (Potenzialis), oder das, was hätte passieren können (Irrealis).

Kolumbus hat, wie wir wissen, Amerika entdeckt. Er selbst allerdings wusste es nicht. Er glaubte, er habe einen Seeweg nach Indien entdeckt. Oder glaubte er nun, er *hätte* einen Seeweg nach Indien entdeckt? Nein: er habe; denn auch, wenn sich seine Annahme als falsch erwies, so wird Kolumbus' Glaube im Konjunktiv I wiedergegeben. Denn Glaube ist eine Form der Tatsachenbehauptung, nicht das Aufzeigen einer Möglichkeit.

Kolumbus glaubte also, er *sei* in Indien gelandet. Dies war seine Auffassung der Wirklichkeit, daher Konjunktiv I. Das Aufzeigen einer Möglichkeit, und somit ein Fall für den Konjunktiv II, sieht zum Beispiel so aus:

Kolumbus wünschte, er *wäre* zuhause geblieben.

Zur Wiedergabe einer Vermutung oder Überzeugung hinter »denken« und »glauben« genügt der Konjunktiv I, egal in welcher Zeit:

Man denkt, … Man dachte, … Man hat gedacht, … Man hatte gedacht, … Man wird denken, … Man wird gedacht haben, …	er sei der tapferste Mann der Welt. (nicht: er wäre)
Er glaubt, … Er glaubte, … Er hat geglaubt, … Er hatte geglaubt, … Er wird glauben, … Er wird geglaubt haben, …	er habe sich verhört. (nicht: er hätte)

Dennoch tritt auch der Konjunktiv II gelegentlich in der indirekten Rede auf. Meistens dann, wenn der Konjunktiv I nicht deutlich genug ist:

Man sagte ihnen, sie *hätten* keine andere Wahl.

Eigentlich wäre »haben« richtig, denn der Konjunktiv I von »sie haben« lautet »sie haben«. Weil zwischen »sie haben« im Indikativ und »sie haben« im Konjunktiv kein erkennbarer Unterschied besteht, springt aushilfsweise der Konjunktiv II ein, und so wird aus »sie haben« dann »sie hätten«. Zwischen »es ist« und »es sei« ist der Unterschied aber deutlich, sodass man auf die Aushilfe von »es wäre« verzichten kann. Wenn es trotzdem immer wieder geschieht, dass hinter »er dachte« und »er glaubte« ein »wäre« oder »hätte« auftaucht, dann liegt das daran, dass manche dem Konjunktiv I nicht recht trauen und zur deutlicheren Kenntlichmachung lieber gleich auf den Konjunktiv II zugreifen. Dies passiert häufig im Journalismus, wo es von großer Bedeutung ist, die wiedergegebene Rede von den eigenen Worten klar abzugrenzen.

Es heißt, Regeln seien leichter zu behalten, wenn sie sich reimen, daher breche ich für Sie diesen Vers hier übers Knie:

Was du sagst, denkst, glaubst oder meins',
steht – indirekt – im Konjunktiv I.
Mit dem Konjunktiv II
wünschst du das Unmögliche herbei.

Mehr zum Konjunktiv:

»Der traurige Konjunktiv« (»Dativ«-Band 2)
»Wenn man könnte, wie man wöllte«
(»Dativ«-Band 4)

Wortzusammensetzungen mit Überlängenhöchstwahrscheinlichkeit

Das Deutsche ist in vielerlei Hinsicht bemerkenswert. Angehörige anderer Kulturen zeigen sich oft beeindruckt von der literarischen Kraft des Deutschen und der Befähigung, Dinge klar und logisch darzustellen. Am faszinierendsten scheint jedoch die Möglichkeit, Wörter zu langen Gebilden zusammenzusetzen. Und dieser Möglichkeit sind theoretisch keine Grenzen gesetzt.

Aufgrund der wachsenden Skepsis gegenüber der Europäischen Union beschäftigen sich britische Medien seit einiger Zeit verstärkt mit Deutschland und den Deutschen. Die Tageszeitung »The Guardian« widmete dem Thema gleich eine ganze Serie. Es ging darum, zu ergründen, was die Deutschen ausmacht: was sie leisten, was sie am besten können, was sie lieben, was sie fürchten, was sie denken und wie sie sprechen.

Ein Beitrag griff eine sprachliche Eigenheit auf, die Außenstehende immer wieder gleichermaßen fasziniert und fassungslos macht. Es ist die einzigartige Befähigung des Deutschen, Wörter zu verbinden und aus ihnen lange und immer längere Wortketten zu bilden.

Für die meisten Nicht-Deutsch-Sprechenden sind bereits Wörter wie Fußgängerzone, Sommerschlussverkauf, Geschirrspülautomat, Haushaltsreinigungsmittel und Staubsaugerersatzbeutel der schiere Wahnsinn. Darüber können wir freilich nur müde lächeln, wohlwissend, dass dies lediglich die Spitze eines kolossalen Eisbergs ist. Denn wer schon die einfache »Fußgängerzone« für außergewöhnlich hält, was mag der erst von der Fußgängerzonenneugestaltung halten?

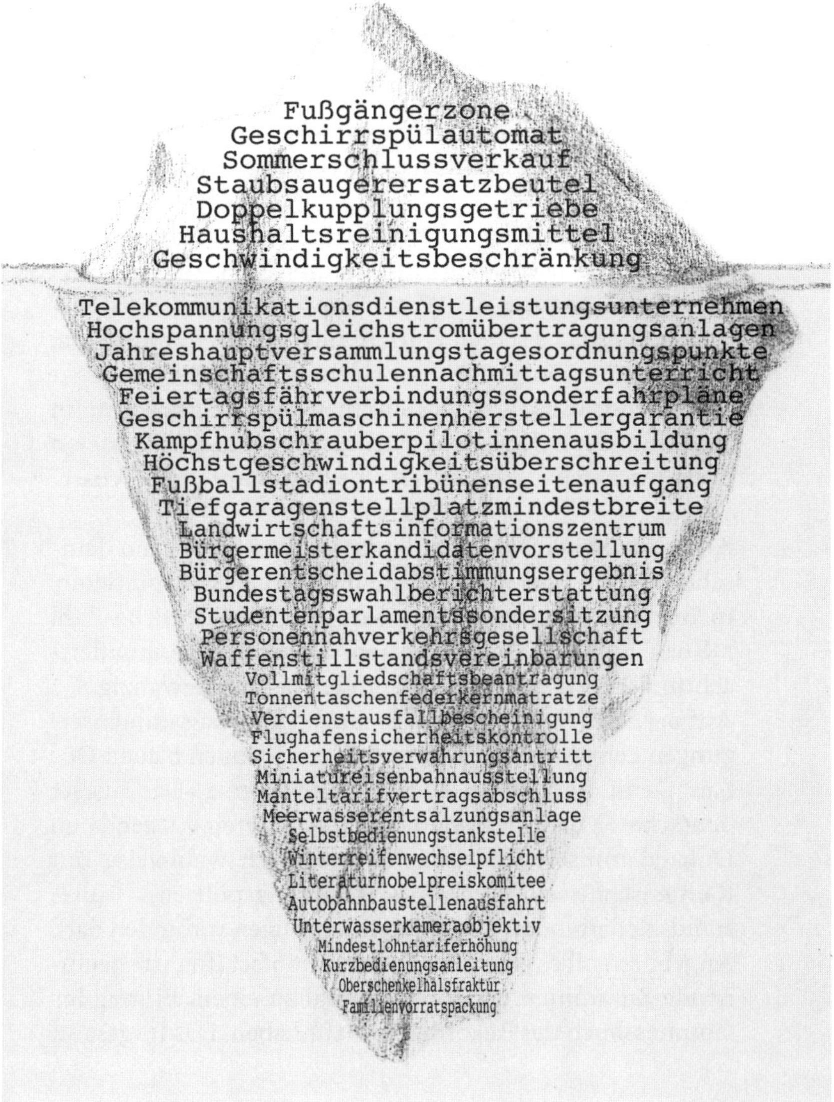

Fußgängerzone
Geschirrspülautomat
Sommerschlussverkauf
Staubsaugerersatzbeutel
Doppelkupplungsgetriebe
Haushaltsreinigungsmittel
Geschwindigkeitsbeschränkung
Telekommunikationsdienstleistungsunternehmen
Hochspannungsgleichstromübertragungsanlagen
Jahreshauptversammlungstagesordnungspunkte
Gemeinschaftsschulennachmittagsunterricht
Feiertagsfährverbindungssonderfahrpläne
Geschirrspülmaschinenherstellergarantie
Kampfhubschrauberpilotinnenausbildung
Höchstgeschwindigkeitsüberschreitung
Fußballstadiontribünenseitenaufgang
Tiefgaragenstellplatzmindestbreite
Landwirtschaftsinformationszentrum
Bürgermeisterkandidatenvorstellung
Bürgerentscheidabstimmungsergebnis
Bundestagsswahlberichterstattung
Studentenparlamentssondersitzung
Personennahverkehrsgesellschaft
Waffenstillstandsvereinbarungen
Vollmitgliedschaftsbeantragung
Tonnentaschenfederkernmatratze
Verdienstausfallbescheinigung
Flughafensicherheitskontrolle
Sicherheitsverwahrungsantritt
Miniatureisenbahnausstellung
Manteltarifvertragsabschluss
Meerwasserentsalzungsanlage
Selbstbedienungstankstelle
Winterreifenwechselpflicht
Literaturnobelpreiskomitee
Autobahnbaustellenausfahrt
Unterwasserkameraobjektiv
Mindestlohntariferhöhung
Kurzbedienungsanleitung
Oberschenkelhalsfraktur
Familienvorratspackung

Der Autor des »Guardian«-Artikels nannte unter anderem das Wort »Geschwindigkeitsbeschränkung«, das uns Deutschen wie selbstverständlich über die Lippen geht. Dass dies ein besonders langes Wort sein soll, kommt uns nicht einmal so vor. Die beeindruckende Länge wird erst im Vergleich offenbar: Die englische Übersetzung »speed limit« kommt mit einem Drittel der Buchstabenmenge aus. Es gibt im Deutschen zwar eine Geschwindigkeitsbegrenzung, aber keine Wortüberlängenhöchstzulässigkeitsbeschränkung.

In einer Sendung des Automagazins »Top Gear« auf dem britischen Fernsehsender BBC sorgte ein Gast für große Heiterkeit, indem er das Wort »Doppelkupplungsgetriebe« buchstabierte. Es schien einfach nicht aufhören zu wollen, die Zuschauer bogen sich vor Lachen. Die Heiterkeit wirkt ansteckend, als Deutscher lacht man unwillkürlich mit. Im Spiegel anderer Kulturen wird man sich des Besonderen und Kuriosen der eigenen Sprache überhaupt erst bewusst.

Allein die Möglichkeit, Zahlen auszuschreiben, kann deutsche Wörter über jeden Zeilenrand hinauskatapultieren. In Buchstaben ausgedrückt, wird die übersichtliche Zahl 738629 zum unüberschaubaren Cluster: siebenhundertachtunddreißigtausendsechshundertneunundzwanzig.
Auf der Suche nach besonders langen Wortzusammensetzungen gelangt man unweigerlich zur schönen blauen Donau. Denn die meisten Beiträge zum Thema »Das längste deutsche Wort« beginnen mit dem bereits legendären Donaudampfschifffahrtskapitän, der sich wahlweise mit Kajütenschlüsseln, Lebensversicherungspolicen, Ruhestandsgeldern oder Witwenrentenbezügen verbinden darf. Angeblich soll es eine mit »Donaudampfschifffahrt« beginnende Zusammensetzung sogar mal zu einem Eintrag ins Guinnessbuch der Rekorde geschafft haben. Das insgesamt

79 Buchstaben zählende Wortungetüm wirkt allerdings so künstlich, dass zu Recht bezweifelt wird, ob es je ernsthaft existiert hat. Denn zum Spaße ausdenken kann man sich vieles. Da sind 79 Buchstaben noch längst nicht das Ende. Nehmen wir nur mal die Unterhaltungselektronikeinzelhandelsfachverkäuferschulungswochenendseminarteilnehmerliste, die kommt locker auf 89 Buchstaben. Schon ist ein Weltrekord gebrochen!

Der Fantasie sind schließlich keine Grenzen gesetzt. Man kann sich Zusammensetzungen ausdenken wie Weihnachtskrippenfigurenmindestbestellmenge, Ostereierproduktionsüberschussverwertungsregelung und Ellenbogengesellschaftsvertragskündigungsgrundlage. Die sind zweifellos amüsant, doch dürften sie kaum zur praktischen Anwendung gelangen.

Interessanter sind jene Wörter, die es auch in Wirklichkeit gibt. Wortzusammensetzungen, die in ernst gemeinten Publikationen auftauchen, in amtlichen Broschüren oder sogar auf Schildern im öffentlichen Raum. Gerade bei Schildern ist die Herausforderung eine besondere, denn jeder Buchstabe beansprucht Platz, und Platz ist nicht immer ausreichend vorhanden und kostet Geld.

Als ein schönes Beispiel führte der »Guardian«-Artikel ein deutsches Geschäft an, über dem in großen Buchstaben das Wort »Fußbodenschleifmaschinenverleih« steht. Der Autor benötigte 13 Wörter, um auf Englisch zu erklären, was das sei.

Vor einiger Zeit entdeckte ich im Hamburger Hafen ein Warnschild, auf dem die Worte »Lebensgefahr«, »Abstand halten« und »Elektrofischscheuchanlage« standen.

Das E-Wort war nicht nur bemerkenswert lang, sondern obendrein auch noch bemerkenswert mysteriös. Ich hatte noch nie zuvor von einer Scheuchanlage gehört und erst recht nicht von Elektrofischen. Wie mögen die wohl aussehen? Und was passiert mit ihnen in dieser Anlage? Für mich hörte sich das nach einer sadistischen Tierversuchseinrichtung an. (Tatsächlich soll eine solche Anlage Fische schützen, indem ein elektrischer Impuls sie davor bewahrt, in Wasserturbinen und Kühlwasserentnahmestellen zu schwimmen.)

In Werbetexten und Anzeigen sind Wortzusammensetzungen mit Überlänge eher die Ausnahme. Mutig sticht jenes Wort hervor, mit dem im vergangenen Sommer ein Modegeschäft in Bayern auf sich aufmerksam zu machen versuchte: DAMENTOTALRÄUMUNGSVERKAUF.

In der Industrie sind längere Wörter hingegen keine Seltenheit. Auf der Internetseite des Haushaltspapiertücherrollenherstellers Zewa (wisch & weg) kann man Informationen einholen über eine sogenannte »Durchtropfsicherheitsgarantie«. Ich hoffe, die hält, was sie verspricht, sonst käme es womöglich zu einer Haushaltspapiertücherdurchtropfsicherheitsgarantieverletzung, und da möchte ich nicht in der Haut des Sachbearbeiters stecken, der sich damit befassen muss.

Ein tschechischer Campingplatz bietet neben Sandstrand, Minigolfanlage und Ziegelmehltennisplätzen auch eine 30 Buchstaben lange »Pedalwasserfahrzeugleihanstalt«. Mit dem schönen Wort »Anstalt« lässt sich noch manches andere veranstalten: Im Duden findet man zum Beispiel noch das Wort »Tierkörperbeseitigungsanstalt«, es nimmt eine ganze Spaltenbreite ein, was schon etwas Besonderes ist.

Überboten wird dieses Wort nur noch vom »Aufmerksamkeitsdefizitsyndrom«, für das eine Duden-Spaltenbreite nicht ausreicht.

Die Naturwissenschaften sind Meister im Erschaffen langer Wörter. Schon als Schüler hat mich an der Desoxyribonukleinsäure mehr die Zusammensetzung der Buchstaben als die der Moleküle interessiert. In einem Allergiker-Forum stieß ich einmal auf das Phänomen eines Hautausschlags, der durch eine bestimmte Raupenart verursacht wird, genauer gesagt durch deren Härchen. Es handelt sich bei diesem Phänomen um die sogenannte Eichenprozessionsspinnerraupenhaardermatitis. Das fand ich so beeindruckend, dass ich's mir gleich notiert habe. In der Praxis wird dieses Wort allerdings meistens zur »Raupenhaar-Dermatitis« verkürzt.
Eines der längsten real existierenden Wörter stammt aus der Physik. Es ist ein Funktionsdiagramm, das nicht nur die Wahrscheinlichkeit des Aufenthalts von Valenzelektronen verzeichnet, sondern auch unwahrscheinlich viele Buchstaben – 63, um es genau zu sagen: Valenzelektronenaufenthaltswahrscheinlichkeitsfunktionsdiagramm.

Die wohl längsten Wörter bringt die Verwaltungssprache hervor. Alles, was mit Gesetzen und Verordnungen zu tun hat, wächst sich schnell zu einem Monstrum aus. Die Mitgliederzeitschrift der Iduna-Versicherung beschäftigte sich in einer Ausgabe des Jahres 2010 mit der Frage: »Welche PKV-Beitragsanteile sind gemäß Krankenversicherungsbeitragsanteilsermittlungsverordnung abzugsfähig?« (56 Buchstaben)

Rekordverdächtig ist jene Konstruktion, die 1999 in Mecklenburg-Vorpommern geprägt wurde. Dort erließ der

Landtag ein »Gesetz zur Übertragung der Aufgaben für die Überwachung der Rinderkennzeichnung und Rindfleischetikettierung«. Im Juristendeutsch, in dem das Entscheidende bekanntlich immer zuletzt genannt wird, wurde daraus das »Rinderkennzeichnungs- und Rindfleischetikettierungsüberwachungsaufgabenübertragungsgesetz«, kurz RkReÜAÜG. Dies war sogar einer der Vorschläge für das Wort des Jahres 1999. Aus nachvollziehbaren Gründen hat man sich dann aber doch lieber für das Wort »Millennium« entschieden.

Mein Favorit unter all den langen und noch längeren Zusammensetzungen stammt aus dem Sport und kommt auf immerhin 55 Buchstaben: Frauenfußballweltmeisterschaftsendrundenteilnehmerinnen. Darunter kann sich jeder etwas vorstellen, im Unterschied zum Valenzelektronendingsbums und dem RkReÜAÜG.

Hoffen wir, dass uns die Befähigung zur Langwortkomposition nicht eines Tages abhandenkommt. Sie ist nämlich ein gutes Training für Jung und Alt, um komplexe Zusammenhänge zu erfassen und darzustellen. Und unsere Freunde im Ausland sollen schließlich auch weiterhin in der deutschen Sprache Wörter finden können, die sie gleichermaßen faszinieren und fassungslos machen. Und um die sie uns vielleicht sogar ein bisschen beneiden.

Tüten Suppe aus der Suppen Tüte

Ist eine »Tomatencreme Suppe« eine Suppe aus Tomatencreme? Und was verbirgt sich hinter der Aufschrift »Kartoffel Steinpilz-Creme Suppe«? Ein Drei-Gänge-Menü? Tütensuppen enthalten jede Menge Bindemittel, auf der Packung fehlt aber nicht selten die nötige Bindung.

In der Zeit der christstollen- und lebkuchenüberfrachteten Adventskaffeekränze und der Weihnachtsfeiern mit Martinsgans-Gelage droht der gemeine Mittvierziger bereits vor den eigentlichen Festtagen aus dem Leim zu gehen. Wie soll man sich am Heiligabend noch einen Wanst anfuttern, wenn man bereits einen hat?

Folglich ist für meinen Freund Henry bis zu den Festtagen erst einmal strenges Maßhalten angesagt. Aus diesem Grund lotse ich ihn im Supermarkt vor das Regal mit den Tütensuppen: »Hier finden wir bestimmt etwas, das lecker ist und keine Kalorienexplosion verursacht.« Henry ist skeptisch. Als Erstes greife ich nach einer Tüte mit Zwiebelsuppe. »Wie wäre es hiermit?«, frage ich. Henry erwidert: »Mir knorrt bereits der Magen!« Mir fällt auf, dass die vermeintliche Zwiebelsuppe gar keine wirkliche Zwiebelsuppe ist, sondern – so steht es nämlich auf der Verpackung – eine »Zwiebel Suppe«. »Zusammenschreibung war gestern«, bemerkt Henry, »der Trend geht zur Getrennt Schreibung.«

Mein Blick wandert zur nächsten Tüte: »Tomaten Suppe mit Eierrosetten« steht darauf zu lesen. »Wie wäre es damit?«, frage ich, »du magst doch Tomatensuppe?« – »Ich mache mir aber nichts aus Eierrosetten«, schnaubt Henry. Mich wundert es, dass die Eierrosetten so beherzt in einem Wort geschrieben wurden. Weiter oben auf derselben Packung prangt nämlich noch das Prädikat »Kaiser Teller«.

Was mag den Hersteller dazu bewogen haben, seine korrekten Tütensuppen unkorrekt als »Tüten Suppen« anzubieten? Hält er die Zweiwortschreibung für schöner? Oder für lesbarer? Hätte er dann nicht wenigstens einen Bindestrich einziehen können? Die Schreibung »Tomaten-Suppe« ist zwar keine Duden-Empfehlung (der Duden kennt nur zusammengeschriebene Tomatensuppe), sie ließe aber wenigstens noch ein gewisses Verständnis für die Zusammengehörigkeit der beiden Wörter erkennen.

»Nun sieh dir das an!«, ruft Henry aus und greift eine weitere Tüte aus dem Regal. »Es geht also doch!« Die Packungsaufschrift verheißt: »Tomatensuppe mit Reis«. Seltsam. An welcher Regel mag man sich hierbei orientiert haben? Gibt es eine Regel, die besagt, dass Tomatensuppe zusammengeschrieben wird, solange sie »mit Reis« angeboten wird, aber in zwei Wörtern, wenn es sie »mit Eierrosetten« gibt? Ist die Beilage ausschlaggebend für die Rechtschreibung? In welchen Büchern wird so etwas behauptet? In Koch Büchern? An welchen Schulen wird so etwas gelehrt? An Grafik Schulen?

Die nächste Tüte macht die Verwirrung komplett: »Tomatencreme Suppe«. Was soll das sein: eine Suppe aus Tomatencreme? Es ist doch wohl eher eine Cremesuppe mit Tomaten gemeint. Hier wurde nicht nur das Wort auseinandergerissen, sondern obendrein auch noch der Sinn.

Das gilt auch für die »Blumenkohl Broccolicreme Suppe«, die vermutlich eine Blumenkohl-Broccoli-Cremesuppe sein soll. Immerhin scheint dem Hersteller die Existenz des Bindestrichs nicht gänzlich unbekannt zu sein, wie sein »Lachs-

Sahne Gratin« erkennen lässt, der in dieser Schreibweise allerdings wie ein Auflauf aus Lachssahne daherkommt. Dass die Bindestriche möglicherweise aus grafischen, keinesfalls aber aus orthografischen Gründen eingestreut wurden, beweist die Panade für ein »knuspriges Wiener-Schnitzel«. Das Wiener Schnitzel kommt normalerweise ohne Bindestrich aus, so wie Frankfurter Würstchen und Lübecker Marzipan. Denn »Wiener« ist eine Ableitung von »Wien«. »Wiener« kann aber auch für »Wiener Würstchen« stehen, und wenn man diese Wiener mit dem Wort Schnitzel koppelt (Wiener-Schnitzel), dann erhält man kein Schnitzel nach Wiener Art, sondern eine Kombination aus Schnitzel und Würstchen.

Der halbwegs geschulte Verbraucher mag zwar ahnen, dass so eine kulinarisch fragwürdige Variante hier nicht gemeint ist. Er wird auch wissen, dass es sich bei der »Spargelcreme Suppe« nicht um eine Suppe aus Spargelcreme handelt. Und er kann sich ausrechnen, dass die »Kartoffel Steinpilz-Creme Suppe« kein Drei-Gänge-Menü ist, bei dem es neben einer Suppe und einer Kartoffel auch noch eine leckere Creme aus Steinpilzen gibt. Vor allem aber erkennt er, dass das Design der Tüten in orthografischer Hinsicht völlig willkürlich ist. Das Tohuwabohu aus Zusammenschreibung, Getrenntschreibung, Bindestrichsetzung und Bindestrichverzicht hinterlässt beim Verbraucher einen bedauernswert hilflosen Eindruck.

Es stellt sich die Frage: Darf sich die Industrie aus grafischen Gründen über die gängige Rechtschreibung hinwegsetzen? Die Antwort ist ernüchternd: Sie darf es. Zwiebelsuppe in zwei Wörtern zu schreiben, ist zwar falsch, aber gesetzlich nicht verboten. Es steht jedem frei, seine ganz eigene Rechtschreibung zu kreieren, solange er dies nicht im öffentlichen Dienst tut. Wer wirtschaftlich auf eigene Rechnung arbeitet, darf auch orthografisch sein eigenes Süppchen kochen. Wenn der Hersteller allerdings glaubte, die Suppe durch das Auseinanderreißen ihrer Bestandteile appetitlicher erscheinen zu lassen, ging – zumindest was Henry und mich betrifft – der Schuss nach hinten los. Wir stellen die Tüten ins Regal zurück und schieben unseren Einkaufswagen in Richtung Feinschmeckerabteilung. Tütensuppen, die sich als Tüten Suppen ausgeben, kommen uns heute nicht in die Tüte.
Henry steuert auf das Tiefkühlregal zu und greift nach kurzem Suchen eine Packung mit Lachs heraus. »Basilikum Lachs« steht darauf in großer Schrift. Und etwas kleiner darunter: »mit Senf-Honig Sauce in Scheiben«. »Das grenzt an ein Kunststück!«, bemerkt Henry. »Was soll daran ein Kunststück sein?«, frage ich ungläubig. Henry erklärt es mir: »Ich kenne niemanden, dem es jemals gelungen ist, eine Soße aus Senf-Honig in Scheiben zu schneiden!«

Mehr zum Thema getrennte Zusammenschreibung:

»Das Elend mit dem Binde-Strich« (»Dativ«-Band 1)
»Dem Wahn Sinn eine Lücke« (»Dativ«-Band 2)
»Von der deutschlandweiten Not, amerikafreundlich zu sein« (»Dativ«-Band 2)

Übermütiges Vergnügen mit »Ü«

Es sind nicht nur die exzentrische Grammatik und die unbegrenzten Möglichkeiten der Wortzusammensetzungen, die das Besondere des Deutschen ausmachen. Auch die Umlaute zählen dazu: »ü« und »ö« mit Pünktchen gibt es nur in wenigen Sprachen. Sie sind die schönste typografische Verbindung zwischen Deutsch und Türkisch.

In der Adventszeit bekommt der Mensch Stiefel voller Lebkuchen und Schokolade, er bekommt kalte Füße und rote Nasen, Kaufanfälle, Beklemmung im Gedränge, Lust auf Gesänge, Hass auf Wham! und Katerstimmung nach zu viel Punsch. Ich bekomme in der Adventszeit regelmäßig Leserzuschriften mit Fotos von Weihnachtsmarktständen, auf denen »Advent's-Kerzen«, »Adventzkaländer« oder »Atwentskarten« feilgeboten werden.

Einmal schickte mir jemand ein Bild von einer Angebotstafel, auf der das Wort »Gülühwein« stand. »Jetzt haben offenbar auch die Türken die Freuden der Vorweihnachtszeit entdeckt«, schrieb er dazu. Dem Gülühwein-Fundstück folgten weitere mit türkischem Anstrich: ein »Fürühstückssalon« aus Wien*, ein Lastwagen in Deutschland mit der Aufschrift »Gürüstbau«**. Das könne kein Zufall sein, meinte mein Freund Henry und raunte: »Das sind Ündüzien dafür, dass das Türkische aufs Deutsche abzufärben begünnt!«

Es mag ja stimmen, dass das Türkische eine Sprache mit vielen »Ös« und noch mehr »Üs« ist: Es gibt Wörter

* Siehe »Happy Aua 2«, S. 62
** Siehe »Happy Aua 2«, S. 83

wie »Müdürlüğü« (= Direktion, Leitung) und Sätze wie »Gülüm, gül yüzünü güldürürüm senin«. Das heißt auf Deutsch: »Meine Rose, ich kann dein Rosengesicht zum Lachen bringen.« Wer hätte hinter so vielen »Üs« eine solche Poesie erwartet?

Meine Freundin Nurcan schickt mir gern per SMS »Üç küçük öpüçük«, und dann freue ich mich immer ganz besonders, denn das sind »drei kleine Küsschen«.

Die türkische Sprache zeichnet sich durch ihren Vokalreichtum aus. Sie kennt keine zwei aufeinanderfolgenden Konsonanten. Daher pflanzt mancher Türke beim Versuch, sich durchs deutsche Konsonantengestrüpp zu schlagen, die eine oder andere türkische Vokal-Blume. So kann es passieren, dass »Glühwein« zu »Gülühwein« wird und ein »Frühstück« zu einem »Fürühstück«. Nach den Gesetzen der türkischen Vokalharmonie hätte sogar ein »Fürühsütück« daraus werden können.

Tatsache ist, dass zwischen dem türkischen Alphabet und dem deutschen eine ganz besondere Verbindung besteht. 1928 löste das Neue Türkische Alphabet die bis dahin gültige arabische Schreibweise in der Türkei ab. Der Staatsgründer Kemal Atatürk hatte bei der Entwicklung des neuen Alphabets selbst mitgewirkt. Als es galt, Buchstaben für die Abbildung des »ü«-Lautes und des »ö«-Lautes zu finden, entschied Atatürk, dem deutschen Vorbild zu folgen. Daher ist die türkische neben der deutschen eine der wenigen Sprachen, in der es sowohl »Ös« als auch »Üs« gibt.*

* Die Umlautbuchstaben »ö« und »ü« treten zusammen sonst nur in den finnougrischen Sprachen Estnisch, Finnisch und Ungarisch auf.

Ich wollte den Beweis antreten, dass nicht nur das Türkische dem »Ü« einen besonderen Stellenwert beimisst, und habe mich auf die Suche nach deutschen Wörtern begeben, die mindestens zwei »Üs« enthalten. Einmal damit angefangen, ließ mir die Ü-Suche keine Ruhe mehr. Nachts lag ich wach und grübelte bis in die Früh über Wörter mit zwüfachem »Ü«. Am Morgen hatte ich die folgenden zusammengetragen:

Türdrücker, Südfrüchte, Geflügelwürste, Glückwünsche, Lückenbüßer, Rührschüssel, Brühwürfel, Glühwürmchen, Rückenbürste und – quasi als Tüpfelchen auf dem Ü – Stützstrümpfe und Bürzeldrüse. Nicht zu vergessen Büchners Bühnenstücke, schwüle Frühlingsgefühle, günstige Frühflüge und überfüllte IC-Züge. Dort, wo ich herkomme, gibt es außerdem jede Menge »Kürchtürme«.

Danach begann ich, ganze Sätze mit Ü-Wörtern zu bilden. Dieses übermütige Vergnügen kostete mich eine weitere schlaflose Nacht. Aber es hat sich gelohnt. Als draußen schon die Vögel zu zwütschern begannen, hatte sich das Blatt Papier mit folgenden Sätzen gefüllt:

Süßliche Düfte übertünchen üble Küchengerüche.

Fünfundfünfzig verrückte Thüringer türmen in Güterzügen über Uelzen und München in den Süden.

Hüben wie drüben sprühen Rübenzüchter flüssige Gülle über die Frühblüte.

Müffelnde Müslitypen mümmeln süße Frühstücksgrütze mit Früchteklümpchen.

Schließlich verstieg ich mich zu mystischer Lyrik:

Züchtig verhüllte die Büßerin ihre fülligen
Brüste mit Tüll; die übrigen zügelten mit Mühe ihre
sündigen Gelüste.

Wütende Bürger stürmten die Güter des Fürsten,
plünderten und zündelten und flüchteten mit
güldenen Lüstern und Münzen. (Die gestürzten
Büsten des Fürsten dümpeln fürderhin im trüben
Tümpel.)

Wer da glaubte, ich wäre dieses Spielchens irgendwann überdrüssig geworden und ermüdet, der befündet süch üm Ürrtum! Ich bin schließlich gebürtiger Lübecker. Und ab öbermörgen sammle ich dann schöne, wohltönende Wörter mit Ö! Tschöhö!

Für Nurcan

Vom Fegefeuer in die Hölle

Alte Straßen in alten Städten tragen oft sonderbare Namen. Nicht immer erklären sich diese Namen von selbst; oft muss man Nachforschungen anstellen, um hinter ihr Geheimnis zu kommen. Eines aber haben alle Namen alter Straßen in alten Städten gemeinsam: Sie erzählen Geschichte.

Ich war ein Landei: In Lübeck kam ich zwar zur Welt, doch aufgewachsen bin ich in einem Dorf rund zehn Kilometer weiter nördlich, zwischen Bauernhöfen und Wiesen. Lübeck übte daher immer einen besonderen Reiz auf mich aus: eine große Stadt mit dicht stehenden Häusern, belebten Straßen und hell erleuchteten Geschäften, mit schmückenden Giebeln, mächtigen Türmen und Toren.

Wenn meine Großmutter mit dem Bus in die Stadt fuhr, durfte ich sie oft dabei begleiten. Für mich waren das Ausflüge in eine andere Welt: aufregend, abenteuerlich – und immer lehrreich. Meine Großmutter zeigte mir die Kirchen, das Stadttheater, die Museen, die Gänge und die Höfe; und auf meine vielen Fragen hatte sie fast immer eine Antwort parat. Da ich schon früh dem Zauber der Wörter erlegen war, faszinierten mich besonders die Lübecker Straßennamen. Bei uns auf dem Dorf gab es eine Hauptstraße, eine Poststraße und einen Westring; in Lübeck aber klangen die Straßennamen anders: manche geheimnisvoll, andere kurios, und alle erzählten sie Geschichten.

So gibt es eine Reihe von Straßen, die Grube heißen, wie die Beckergrube, die Fischergrube und die Engelsgrube. Als Dorfkind kannte ich Gruben nur in Verbindung mit Kompost oder Häschen und wunderte mich, dass in Lübeck auch Menschen in Gruben lebten. Meine Großmutter erklärte mir, dass die Lübecker Gruben eigentlich Gräben waren, durch die einst das Regenwasser (und noch so manches andere) in die Trave abfloss. Außerdem lernte ich, dass die Engelsgrube nichts mit Engeln zu tun hat, sondern mit England, da sie zu jenem Teil des Hafens führte, in dem die Schiffe nach England ablegten. Eigentlich ist sie also eine »Englische Grube«, aber Engelsgrube klingt schöner. Eine weitere Grube mit einem klangvollen Namen entdeckte ich hinter dem Heiligen-Geist-Hospital: die Große Gröpelgrube. Auch wenn ich heute weiß, dass Gröpel auf das niederdeutsche Wort »Groper« zurückgeht, welches Töpfer bedeutet, so muss ich doch jedes Mal schmunzeln, wenn ich den Namen lese, denn für uns Kinder hieß sie immer die »Große Popelgrube«.

Die Gruben werden gekreuzt von lauter Querstraßen mit bildhaften Namen: Es gibt eine Lichte Querstraße und eine dazu passende Düstere Querstraße. Es gibt die Einhäuschen Querstraße, in der aber längst nicht mehr nur ein einzelnes Häuschen steht. Es gibt eine Siebente Querstraße, aber nach einer Sechsten oder Fünften Querstraße sucht man vergebens, was daran liegt, dass die »Sieben« gar keine Zahl ist, sondern eine Abwandlung von »Sauen«; dort nämlich befanden sich einst Schweineställe. Außerdem gibt es eine Gerade Querstraße, was wie ein Widerspruch in sich erscheint, aber die Gerade trug ihren Namen in Unterscheidung zur Krummen Querstraße, die heute nicht mehr existiert.

Buchstäblich befeuert wurde meine kindliche Fantasie vom Namen einer Straße in der Nähe des Doms: »Fegefeuer«. Sie wurde so genannt, weil sie geradewegs zum »Paradies« führt, der Vorhalle des Doms. Wer falsch abbog, konnte allerdings auch in der »Hölle« landen. So nämlich heißt eine kleine Straße, die vom Fegefeuer abzweigt. Und dabei handelt es sich natürlich um eine Sackgasse.

Auf weltlicheres Geschehen verweisen Straßennamen wie »Schrangen« (von »Schranken«, den Verkaufstresen der Schlachter), »Hüxterdamm« (»Hüxter« war ein altes Wort für Krämer, im Plattdeutschen noch als »Höker« zu finden) und »Schüsselbuden«, benannt nach den Marktständen für Haushaltswaren. Die wohlklingende Glockengießerstraße und die etwas derber klingende Fleischhauerstraße nehmen auf alte Berufe Bezug, ebenso die Wahmstraße, auch wenn man es ihrem heutigen Namen nicht mehr ansieht. »Wahm« ist die Verkürzung des Wortes »Wagenmann«, die Wahmstraße war also die Straße der Fuhrleute. Ob die durch Thomas Mann und seine »Buddenbrooks« so berühmt gewordene Mengstraße auf einen Familiennamen Mengo oder das niederdeutsche Wort für Händler, »menger« oder »manger«, zurückgeht, ist nicht eindeutig geklärt, sicher ist nur, dass die Mengstraße nichts mit dem Wort Menge zu tun hat, auch wenn sie heute eine Menge Touristen anlockt. Welches Handwerk in der Schlumacherstraße ansässig war, gibt besondere Rätsel auf. Es waren keine Schuster, auch keine Schlauchmacher oder gar Schlaumeier. Die Schlumacher waren Weber. Sie fertigten Wolldecken an, wie sie aus dem französischen Ort Châlons bekannt waren. Die Châlonsweber hießen im Niederdeutschen Salunenmaker und wurden schließlich zu Schlumachern.

Nicht wenige Straßennamen sind durch Verballhornung entstanden, was gut zu Lübeck passt, denn Lübeck war die Heimat des Buchdruckers Johann Balhorn, auf den das Wort »verballhornen« zurückgeht, das immer dann zum Einsatz kommt, wenn etwas verfälscht, umgedeutet oder verschlimmbessert wird. Balhorn hatte nämlich einst im Auftrag des Lübecker Rates eine hochdeutsche Fassung des lübischen Rechts gedruckt, die aber zahlreiche Änderungen enthielt, welche sich die Bearbeiter wohl eigenmächtig erlaubt hatten. Dafür konnte Balhorn nichts, denn er war ja lediglich der Drucker. Da auf dem Titelblatt jedoch nicht die Namen der Bearbeiter standen, stattdessen aber der Vermerk »Gedruckt zu Lübeck durch Johann Balhorn im Jahr 1586«, wurde »verballhornen« zu einem geflügelten Wort.

Lübeck füllte meinen Kopf – mit Bildern, Wörtern und Geschichten. Doch auch mein Bauch ließ sich in Lübeck aufs Köstlichste füllen: Dort kann man nämlich exzellent »niedereggern«, sprich: ins Café gehen und ein Stück Lübecker Nusstorte verzehren, ein sündiger Traum aus Haselnüssen, Sahne und Marzipan. Das war schon als Kind ein Höhepunkt für mich, und meine Großmutter und ich waren uns einig, dass das Wort »niedereggern« unbedingt in den Duden aufgenommen werden sollte.

Dieser Text entstand im Auftrag der Zeitschrift »Merian« für die Ausgabe »Lübeck und die Lübecker Bucht«, erschienen im Mai 2013.

Zur Behandlung von Straßennamen in der Grammatik:

»Der antastbare Name« (»Dativ«-Band 3)
»In der Breite Straße« (»Dativ«-Band 3)

Eine Weihnachtsgeschichte

Kinder lieben es, wenn ihnen vorgelesen wird. Sie können dieselbe Geschichte wieder und wieder hören, ohne dass ihnen dabei langweilig wird. Dem Vorlesen wohnt ein Zauber inne, sagt man. Diesen Zauber gilt es zu bewahren.

Über viele Jahrhunderte hat das Vorlesen in der Beziehung zwischen Eltern und Kindern eine wichtige Rolle gespielt. Vorlesen regt die Fantasie an und trägt zur Entwicklung des Sprachgefühls bei. Darüber hinaus können durch Vorlesen emotionale Bindungen aufgebaut und vertieft werden. Leider gerät das Vorlesen zusehends aus der Mode. Immer seltener nehmen sich Erwachsene heute noch die Zeit, ihren Kindern etwas vorzulesen. Seit 2004 gibt es daher den »Bundesweiten Vorlesetag«, eine Initiative der Stiftung Lesen und der Wochenzeitung »Die Zeit« zur Förderung der Vorlesekultur. Er findet alljährlich im November statt, und jeder, der Spaß am Vorlesen hat, kann sich daran beteiligen. 2010 war ich in Nürnberg dabei. Es war ein kalter Morgen, auf dem Hauptmarkt standen die fertig aufgebauten Buden, doch es war noch nichts los. Die Stadt lag reglos da, so als würde sie auf etwas warten.

Vor dem Eisenbahnmuseum drängten sich Schüler in großen Trauben. Insgesamt 30 Schulklassen hatten sich eingefunden, um sich von Autoren, Moderatoren, Sängern und Schauspielern etwas vorlesen zu lassen. In der Fahrzeughalle des Museums hatte man ein leuchtend rotes Zelt aufgebaut: das Vorlese-Tipi. Darin konnten es sich die Schüler, nachdem sie brav ihre Schuhe ausgezogen hatten, auf Kissen gemütlich machen. Ich wollte mein junges Publikum nicht mit selbstverfassten Grammatiklektionen überfordern und hatte mir stattdessen eine Weihnachtsgeschichte von Wolfdietrich Schnurre mit dem Titel »Die Leihgabe« ausgesucht. In einem Monat war schließlich Weihnachten, da erschien mir eine nostalgische Erzählung, in der es um einen alleinerziehenden Vater und einen heimlich ausgegrabenen Tannenbaum ging, durchaus angebracht. Als ich meinen Kopf ins Tipi steckte, um »meine« Schüler zu begrüßen, kamen mir allerdings Zweifel, ob das wirklich eine gute Idee war: Die meisten der Schüler der Realschulklasse 6a, die mich da auf dem Boden lümmelnd erwarteten, stammten aus muslimischen Familien, und ihre Begeisterung für Weihnachten hielt sich in nachvollziehbaren Grenzen. Die Jungen legten Wert darauf, mich mit Handschlag zu begrüßen und sich selbst vorzustellen. »Sind Sie berühmt?«, fragten sie mich, um sicherzustellen, dass sie bei dieser Veranstaltung nicht übers Ohr gehauen würden. Schließlich hatte man ihnen »Vorlesespaß mit Promis« versprochen. Von mir hatten sie noch nie gehört, ich hätte also auch genauso gut ein getarnter Lehrer sein können. »Fragt das am besten meine Mutter«, erwiderte ich. Das schien ihre Zweifel zu zerstreuen.

»Die Geschichte, die ich euch vorlesen werde, spielt in den Zwanziger Jahren. Könnt ihr euch darunter etwas vorstellen?« Die Kinder schüttelten den Kopf. »Ich bin noch nicht 20«, sagte ein Junge, ohne sich der gelungenen Pointe bewusst zu sein. »Damals gab es eine schwere Weltwirtschaftskrise«, fuhr ich fort, »viele Menschen waren arbeitslos und wussten kaum, wovon sie leben sollten. Eine warme Wohnung war da schon ein Luxus, oft reichte das Geld nämlich nicht einmal für Briketts oder Koks zum Heizen.« Beim Stichwort »Koks« schreckten ein paar Schüler hoch: »Was, ey, haben die früher echt mit Koks geheizt?« Die Bedeutung des Wortes als Brennstoff ist gegenüber der Droge offenbar verblasst. Die Energiewende macht sich bereits bemerkbar, zumindest im Sprachgebrauch der Sechstklässler. In der Geschichte kamen noch andere antiquierte Wörter vor wie Destille, Logis und Grammophon, die ich erst einmal erklären musste. Ein Grammophon sei ein alter Plattenspieler, auf dem man Schallplatten abzuspielen pflegte, sagte ich und hakte nach: »Ihr wisst doch, was Schallplatten sind?« Etliche schüttelten den Kopf. Einer aber wusste Bescheid: »Das sind so große CDs!« Das konnte man durchgehen lassen, fand ich. Eines Tages wird man Zeitungen vielleicht erklären als »iPads aus Papier« und Wegweiser an Straßenkreuzungen als »Navis aus Blech«, wer weiß?

Der Höhepunkt der Lesung war der Moment, in dem ein Kamerateam durch den Eingang lugte und uns im Zelt filmte. »Ey, cool, RTL!«, riefen einige Schüler begeistert. Es war zwar der Regionalsender »Franken Fernsehen«, aber für die Schüler der 6a war »RTL« offenbar gleichbedeutend mit »Fernsehen«. Nach einer halben Stunde war die Geschichte aus, und wir krochen aus dem Tipi, in dem es inzwischen mächtig heiß geworden war.

Ich nahm mir vor, für das nächste Jahr selbst eine Weihnachtsgeschichte zu schreiben, in der keine Tannenbäume und Schallplatten vorkamen, sondern zeitgemäße Dinge wie Xbox, Wii und jede Menge Apps, und in der man anstelle von Koks mit Fernwärme heizte.
Als wir Vorleser mit der letzten Schülergruppe am Nachmittag das Eisenbahnmuseum verließen, begann gerade der Christkindlesmarkt. Weihnachtliche Musik vermischte sich mit dem Geruch gebrannter Mandeln. Und wie auf Bestellung hatte es geschneit. Wer noch nach einem Beweis suchte, dass dem Vorlesen ein Zauber innewohnt, der konnte ihn jetzt vor sich sehen: Mit dem Vorlesetag war der Winter gekommen!

Register

Auf die Plätze, fertig, Spaß!

Bastian Sick. Happy Aua. KiWi 996

Bastian Sick. Happy Aua 2. KiWi 1065

Bastian Sick. Hier ist Spaß gratiniert.
Ein Happy-Aua-Buch. KiWi 1163

Gordon Blue, gefühlte Artischocken, strafende Hautlotion – nichts, was es nicht gibt! Bastian Sick hat sie in seinen Bilderbüchern aus dem Irrgarten der deutschen Sprache zusammengetragen und kommentiert: missverständliche und unfreiwillig komische Speisekarten, Hinweisschilder, Werbeprospekte u. ä. – die bizarrsten Deutschlesebücher der Welt.

www.kiwi-verlag.de KiWi PAPERBACK

Alle Wegweiser durch den Irrgarten der deutschen Sprache auch zum Hören

Bastian Sick
Der Dativ ist dem Genitiv sein Tod
(Folge 1)
Lesung mit Rudolf Kowalski
ISBN 978-3-89813-400-2
2 CDs – 152 min – 19,99 €*

Bastian Sick
Der Dativ ist dem Genitiv sein Tod
(Folge 2)
Autorenlesung
ISBN 978-3-89813-445-3
2 CDs – 151 min – 19,99 €*

Bastian Sick
Der Dativ ist dem Genitiv sein Tod
(Folge 3)
Autorenlesung
ISBN 978-3-89813-566-5
2 CDs – 145 min – 19,99 €*

Bastian Sick
Der Dativ ist dem Genitiv sein Tod
(Folge 4)
Autorenlesung
ISBN 978-3-89813-881-9
2 CDs – 159 min – 19,99 €*